SHIYU SHEHUI ZHILI XIANDAIHUA DE WUHU SHIJIAN

市域社会治理现代化的芜湖实践

张　平　王义德◎主　编　陈　鹏◎副主编

U0914449

安徽师范大学出版社
ANHUI NORMAL UNIVERSITY PRESS
·芜湖·

图书在版编目(CIP)数据

市域社会治理现代化的芜湖实践 / 张平,王义德主编 .— 芜湖:安徽师范大学出版社,2022.11

ISBN 978-7-5676-5939-1

Ⅰ.①市… Ⅱ.①张… ②王… Ⅲ.①城市管理—社会管理—现代化管理—芜湖—文集 Ⅳ.①D675.43-53

中国版本图书馆CIP数据核字(2022)第213093号

市域社会治理现代化的芜湖实践

张　平　王义德◎主　编

陈　鹏◎副主编

责任编辑:李晴晴　　　　责任校对:晋雅雯

装帧设计:张德宝　汤彬彬　　责任印制:桑国磊

出版发行:安徽师范大学出版社

芜湖市北京东路1号安徽师范大学赭山校区

网　　址:http://www.ahnupress.com/

发 行 部:0553-3883578　5910327　5910310(传真)

印　　刷:江苏凤凰数码印务有限公司

版　　次:2022年11月第1版

印　　次:2022年11月第1次印刷

规　　格:700 mm × 1000 mm　1/16

印　　张:11.75

字　　数:178千字

书　　号:ISBN 978-7-5676-5939-1

定　　价:48.00元

凡发现图书有质量问题,请与我社联系(联系电话:0553-5910315)

引　言

市域社会治理体系和治理能力现代化是国家治理体系和治理能力现代化的重要组成部分。党的十九届四中全会指出，要加快推进市域社会治理现代化。2020年以来，芜湖市以市域社会治理现代化全国首批试点城市为契机，不断完善体制机制，创新方式方法，努力探索具有芜湖特色的社会治理现代化之路，并以此作为建设人民城市、加快打造省域副中心的重要推动力，市域社会治理社会化、法治化、智能化、专业化水平不断提升，社会大局持续平安稳定，人民群众获得感、幸福感、安全感不断增强。

——推深做实试点工作，完善“党委领导、政府负责、群团助推、社会协同、公众参与”机制是关键。芜湖市委成立了由市委书记任组长的平安建设暨市域社会治理现代化工作领导小组，将市域社会治理现代化列为党委和政府重要工作日程，融入“十四五”规划大局，列为全面深化改革重点任务。大力实施“向阳”“固基”“崇法”“润安”“同心”“民享”“铸盾”“智辅”八大工程，系统治理、综合治理、源头治理、依法治理，多层次多领域、全面系统地推进试点工作。紧密围绕优势长项，各县区着力打造“一县（区）一品”。充分发挥地方立法权优势，加强社会治理重点领域立法，出台《城市管理条例》《养犬管理条例》等10部相关规定，加快《住宅小区物业管理条例》立法进程。市委、市政府等相关部门分别出台法治建设“一规划两方案”等40余份规范性文件，各行业监管部门及群团组织配套制定相关政策文件及行动方案200余份。高位推动、顶层设计、制度建设三者联动，有力推动了社会治理的共建共治共享。

——政治引领、法治保障、德治教化、自治强基、智治支撑，各级各部门通过“五治融合”激发出强大的社会活力。通过构建党建引领的常态化、精准化、智慧化新时代群众工作机制，对群众诉求每月开展智能化分析，及时解决群众问题。深化“双联双应”，开展“红领共富”“红联共治”行动，抓实城乡基层党建，壮大非公党建“红色动能”，党的组织政治优势转化为社会治理工作动能。“暖蜂芜优”五大行动，将快递小哥、外卖骑手、网约车司机、网络主播等新业态新就业群体党员纳入了党组织服务管理范围，使其成为社会治理的参与者。

党政机关规范落实稳评机制，全面建立法律顾问队伍。南陵县、繁昌区被评为全省首批法治建设示范县（区）。建立政府法院联动、政府检察院联动机制，强化行刑衔接。开展政法系统“改优促”作风建设年行动，大力提升市场主体和人民群众的安全感满意度。全面落实一村一法律顾问。在全省率先开展公共政策兑现试点，开设“芜湖市惠企政策网上超市”，法治建设不断深化。全面推进“八五”普法，深入推进“四员一律”入村居活动。建成市法治宣传教育中心（芜湖宪法馆）。推动“周郎法治”文化等品牌建设，建成全省首家农民普法馆、企业普法馆，普法宣传广泛深入。

强化道德模范、榜样人物选树表彰，开设芜湖单轨“好人号”专列。建成全省首家市级新时代文明推进中心、见义勇为主题公园及文化长廊。打造“书香芜湖”，首创实行全市党政干部“共读计划”，拟建70座城市书房、阅读空间，构建“15分钟阅读圈”。开展“渡江第一船”文化研究，板子矶、奇瑞智能网联“未来工厂”入选国家“建党百年红色旅游百条精品线路”。繁昌区在全省首批开展党建引领信用村建设，以信用建设“小切口”破解乡村社会治理“大课题”。英模培树、文化熏陶、红色教育、信用建设、德治于润物无声中引人向上、向善。

深入推进街道体制改革，建立“吹哨报到”工作机制，破解基层“看得见、管不着”难题。建立平安“微网格”29000余个，延伸触角进栋入户抓好“微治理”。丰富议事协商渠道，形成“我们是一家人”“官陡夜话”“板凳议事会”等基层品牌，全市有1个村被评为全国村级议事协商创新实验试点建设单位，2个区、3个镇（街）、15个村（社区）被评为全省城乡社区协商示范点。建立全省首家市级“治理型社会组织基地”，引领带动社会组织联合会、草根社会组织参与社区治理，有效拓展社区服务范畴。体制机制的创新、群众的广泛参与，使平安之基更加稳固。

设计“城市大脑”生态体系，搭建城市运行综合管理服务平台，汇聚多方资源，一体推进“智辅决策”“智防风险”“智优服务”。政务云计算中心和超算中心，政务信息资源共享交换、视频资源共享等公共支撑平台建设，提升了智能研判分析能力。以获评全国政法智能化建设十大创新案例的公共安全视频应用系统为基础支撑，延伸建设“慧眼+”视频监控，应用场景不断拓展，智慧长江平台的建设，变多头管理为综合治理。建设“智慧政法”平台，深入推进综治信息化，加强“平安日报”，提升了风险研判能力，有效提供了决策支撑。多模态远程身份认证全国首创，使99.94%的政务服务网上可办。“金融类案智能审判+区块链存证核验系统”，入选2021年政法智能化建设智慧法院创新案例；“解纷芜优”线上多元矛盾纠纷调解平台，入选2020年全国社会治理十大解决方案。科技支撑成为社会治理的强劲动力。

——牢固树立治未病理念，不断强化防范化解政治安全风险、社会治安风险、社会矛盾风险、公共安全风险和网络安全风险能力，确保市域成为重大风险的终结地。立足市域打防管控实战化的特点，提高动态化、信息化条件下社会治安能力，常态化开展扫黑除恶专项斗争，有力防范打击各类违法犯罪行为。争创国家安全发展示范城市，从源头防范化解城市安全风险。贯彻落实《安徽省多元化解矛盾纠纷促进条例》，做优县（区）、镇、村三级矛盾化解“一站式”服务。整合“市民心声”“大江资讯”等网络平台，畅通群众诉求反馈渠道。做强各类调解组织，全市设立医疗纠纷人民调解委员会、汽车后市场联合会等9家行业性专业性调解组织。市劳动争议联合调处中心被评为“2021年度全国工作突出基层劳动人事争议调解组织”。着力防范化解各类风险，江城芜湖政治更安全、社会更安定、人民更安宁。

作为市域社会治理现代化全国首批试点地区，近年来安徽省芜湖市高度重视市域社会治理工作，在市域社会治理实践中涌现出许多好经验好做法，市域社会治理现代化水平不断提升。为高质量推进全国市域社会治理现代化试点工作，更深层次发掘芜湖市域社会治理现代化好经验好做法，着力培育优质项目品牌和标杆，为芜湖市域社会治理现代化建设提供理论支撑和实践经验，在全市范围内形成推动市域社会治理现代化的良好氛围和强大合力，打造市域社会治理现代化“芜湖模式”，2022年3月至6月，中共芜湖市委平安办、中共芜湖市委政法委、中共芜湖市委宣传部、芜湖市法学会、芜湖市社科联牵头组织开展了市域社会治理现代化“十佳论文”“十佳案例”项目评选活动，通过网络评选和多轮专家评审，最终从82篇申报论文、112个申报案例中遴选出“双十佳”项目，本书是由入选的论文和部分案例汇集而成。

张平　王义德

2022年9月

目　录

党建引领基层社会治理创新研究

牛艳秋[①]

摘　要：创新基层社会治理关系着党的自身建设和人民群众的根本利益，要善用党建引领这一重要法宝提升基层社会治理水平。面对社会治理的新形势、新问题、新情况，我国在理论和实践方面不断进行本土化调试，理论层面发展了国家—社会二元关系理论、马克思主义政党理论和社会治理理论，实践层面探索出党建引领基层社会治理的全新标准、模式和手段。党建引领基层社会治理创新并非一日之功，各地仍需以提升组织力为根本要求，遵循以人民为中心的价值追求，大力推进党建信息化工程建设，走出一条党建引领与多元共治相得益彰的基层善治之路。

关键词：党建引领；基层社会治理；理论创新；实践创新

党的领导是中国特色社会主义制度的最大优势。在推进国家治理体系和治理能力现代化的进程中，必须坚持党的领导，充分发挥党组织的领导核心作用。如今，基层社会治理已成为各级党委和政府工作的重中之重，其中党建引领则是贯穿创新基层治理的一根红线，这既是促进基层自治的需要，也是新时代加强党的自身能力建设的要求。面对基层社会治理现代化的全新课题，我国结合党建引领的特殊优势，因地制宜、有的放矢地展开了理论创新和实践探索，破解风险积聚的难题，凝聚各方参与力量，有效维护了基层社会的稳定和秩序。

---

① 牛艳秋：硕士，中共芜湖市委党校（芜湖行政学院）教师。

一、党建引领基层社会治理的理论创新

（一）政党的“整体性”嵌入重构了国家—社会二元关系理论

国家是社会在一定发展阶段上的产物。任何语境下对于国家和社会二者之间关系的探讨都是社会科学领域无法回避的基本问题。随着市民社会的不断发展，国家和社会的关系被重新定义，逐渐从一体状态走向二元分离，形成了国家中心主义、社会中心主义和国家—社会合作主义等代表性理论。在此基础上，围绕二者的主次地位和孰轻孰重这一问题，构建出以下四种国家与社会的关系模式：弱国家—弱社会、强国家—弱社会、弱国家—强社会、强国家—强社会。

在认识中国城乡基层社会转型的过程中，许多学者援引了国家—社会二元关系理论作为主流分析模式，把国家—社会研究的焦点对准基层。计划经济和“单位制”对社会整合的作用日渐式微以后，大量的社会问题涌入并积聚在基层，影响着社会的和谐与稳定。中国原有的基层社会空间面临着解构与重构。因此，最现实的问题是要将日益“碎片化”的社会和“原子化”的个人重新组织起来，整合基层的资源和力量，重新塑造基层空间。

理性考量我国国情之后，“强国家—强社会”模式成为国家与社会二者关系的改革目标。“强国家—强社会”模式特别强调国家与社会之间的衔接和互动，以及二者之间形成的利益耦合，满足政府部门向社会让渡空间和社会力量自发成长的需求，能够充分调动社会自治的积极性，有效避免“强国家—弱社会”模式中国家权力对社会的过度控制、社会力量被削弱的局面，也能防止出现“弱国家—强社会”模式中过分强调个人和社会的价值意义的问题，从而建立起一种平等协商的合作伙伴关系，这种合作

伙伴关系正是现代社会治理发展的趋势[①]。

不过，中国的社会治理具有自己的特点，“强国家—强社会”模式虽然具有鲜明的比较优势，但也不能简单地照搬和套用。因为，在我国讨论国家—社会关系时不可忽视的一个重要维度即政党，政党代表的是整体的而非部分的政治组织。所以，中国共产党与西方政党不同，即使二者都具有黏合国家与社会的政治功能，但也无法消解其中结构性的差异。那么，建立在西方政治经验上的国家与社会关系模式进入中国的政治场域后，势必需要进行本土化的调试与改良，以提升其在具体场景中分析框架的适配性。在党国体制中，执政党拥有政府与政党两只手来治理社会[②]。传统意义上的国家—社会关系分析范式被打破，进而产生政党—政府—社会“三角关系”的分析框架，不仅拓展了国家与社会关系范畴的解释维度，而且充分考虑了党国体制之下国家与社会关系的实际情形。根据政党—政府—社会三分框架的分析模型，需要关注其中的三组关系：政府—社会的关系、政党—社会的关系、政党—政府的关系，着力解决好“政党以何种形式嵌入国家—社会二元结构之中”的问题。在这三者关系当中，政党—社会关系具有根本性的地位。进入新时代以来，社会治理更加强调改善民生，逐步从一元治理向多元治理过渡，所以在处理政党—政府—社会之间关系时，需要把握好各种主体的治理边界，既要体现党的核心领导地位，又要保障人民当家作主的权利，最终实现社会的善治。

（二）马克思主义与中国共产党

无产阶级的历史地位和历史使命是马克思主义政党理论的逻辑前提。无产阶级的行动只有通过一个独立的政党才能被组织起来去体现无产阶级的最高意志。马克思结合对工人运动的考察，从历史唯物主义的角度发现了无产阶级具有天然的革命性和先进性，这具有极其重要的历史意义。马

① 郭风英.体制涅槃：从社会管理到社会治理：基于国家与社会视角下的理论探索[J].求实，2016(2)：90-96.

② 景跃进.将政党带进来：国家与社会关系范畴的反思与重构[J].探索与争鸣，2019(8)：85-100.

克思在《〈黑格尔法哲学批判〉导言》中指出无产阶级是“推翻使人成为被侮辱、被奴役、被遗弃和被蔑视的东西的一切关系”[①]的革命力量。《共产党宣言》中更加明确指出：“无产阶级的运动是绝大多数人的，为绝大多数人谋利益的独立的运动。”[②]由此，无产阶级的历史使命得以确立，这也成了无产阶级政党领导的核心价值。

马克思在共产主义者同盟成立之前就认识到随着工人阶级队伍的不断壮大和力量的增强，亟须建立一个相对独立的无产阶级政党组织。1848年的欧洲革命进一步检验了马克思恩格斯关于无产阶级政党领导的思想。无产阶级要想实现其根本使命，必须将先进的理论与先进组织的领导相结合。通过历史和理论的梳理，不难发现：无产者不仅可以组织形成阶级，还可以组织成为先进的政党，这是无产阶级能够实现历史使命的制胜法宝。此外，无产阶级政党组织的成熟度决定了无产阶级革命能否取得胜利，能够取得何种程度的胜利。

马克思主义关于政党思想的理论具有丰富的社会治理的意涵，搭建了党建引领社会治理的理论基石。恩格斯在《反杜林论》中指出：“政治统治到处都是以执行某种社会职能为基础，而且政治统治只有在它执行了它的这种社会职能时才能持续下去。”[③]政党作为国家和社会的纽带，一方面嵌入国家权力结构中，另一方面来自社会，服务于社会，最终也将消亡于社会。从这一角度来说，政党的重要职能便是社会治理、社会引领，社会治理的成效也会影响着政党执政的合法性。

从马克思主义政党理论中孕育而生的中国共产党，作为无产阶级政党，具有总揽全局、协调各方的能力，是社会治理最坚实的政治保障和组织保障。中国共产党自诞生之日起，始终坚守着全心全意为人民服务的宗旨，始终代表着中国最广大人民的根本利益，从来没有自己特殊的利益。中国共产党的性质和宗旨决定了基层党组织必须肩负起社会治理的重任，

① 马克思恩格斯选集：第1卷[M].北京：人民出版社，2012：10.

② 马克思恩格斯选集：第1卷[M].北京：人民出版社，2012：411.

③ 马克思恩格斯选集：第3卷[M].北京：人民出版社，2012：560.

不断增强党建引领的功能，拓展党建引领的范围，这是实现人民利益的根本路径，也是巩固党的执政基础、协调社会关系和实现社会长治久安的必然要求。即使面对纷繁复杂的情况，基层党组织依然要时刻发挥战斗堡垒作用。

（三）习近平关于社会治理的重要论述创新了马克思主义社会治理理论

马克思主义为我国的长远发展提供了理论指引，无论是人民主体的立场，还是对公平正义的追求，始终是社会治理需要坚守的根本所在。可是，囿于历史的局限，它无法给出新时代社会主义国家如何进行社会治理的明确答案。我国在不断深化马克思主义中国化的道路上创造性地发展了马克思主义社会治理理论，特别是以习近平同志为核心的党中央深刻诠释了在中国特色社会主义制度体系中党建工作与社会治理之间的逻辑关系，对加强党组织建设、提升基层治理水平进行了具体的制度设计与部署安排。

党的十八大以来，党和国家在社会治理领域不断创新理念思维、体制机制、方法举措，在民生保障与社会建设上创造了历史性的伟大成就。党的十八届三中全会上确立了全面深化改革的总目标。此后，基层作为国家治理体系的“神经末梢”得到了高度关注，我国城乡基层社会治理水平有了显著提升。党的十九大报告中特别提出，基层党组织要成为推动党和国家事业发展的“坚强战斗堡垒”[①]。党的十九届四中全会第二次全体会议上更加强调要“把党的领导落实到国家治理各领域各方面各环节”[②]，同时指出党组织领导的“自治、法治、德治融合”是完善城乡基层治理体系的基本路径。

党和国家结合社会主要矛盾的深刻变化，针对当前基层出现的新问题、新情况、新挑战，对党建引领基层社会治理的目标路径、理念原则、手段方法、根本取向等方面进行了全面的阐释和指导，不仅丰富了马克思

① 习近平谈治国理政：第2卷[M].北京：外文出版社，2017：167.

② 习近平谈治国理政：第3卷[M].北京：外文出版社，2020：125.

主义的社会治理理论，为社会治理现代化打下了坚实的理论基础，而且为推动基层社会治理工作提供了根本遵循。

二、党建引领基层社会治理的实践创新

党的十八大以来，全国各地立足于本地特色，涌现出一批社会治理的典型范本，通过顶层设计和全面统筹，充分体现党的领导的政治优势，并将其有效转化成社会治理效能，解决了条块分割、缺乏协调、精细化不足、服务供给不均等难题。

（一）标准创新：提升社会治理“四化”水平

党的十九大报告提出：“加强社会治理制度建设……提高社会治理社会化、法治化、智能化、专业化水平。”①提高社会治理“四化”水平既符合新形势下社会治理的目标要求，也是创新社会治理的基本路径，为打造社会治理新格局提供了实践导向。

1.党建引领基层社会治理的社会化

基层社会治理既要发挥党组织的核心作用，又需要以党建引领调动社会力量的共同参与。首先，依托党组织工作体系创新调整和优化再造。例如，上海市浦东新区“家门口”服务体系建设将街镇中心、村居服务中心（站）和村宅延伸服务点的三级服务体系深度融合，使党组织的服务范围延伸到基层，“家门口”服务站升级为党组织服务群众和党建引领居民自治的工作阵地。其次，善于引导社会力量参与共治。当前，社会治理主体比以往任何阶段都更加多元，强调多元主体参与下的平等和合作的伙伴型关系，不仅厘清了政府部门和社会力量的身份角色，而且有利于各主体发挥比较优势，取长补短，实现“共治”。最后，高度重视“民主协商”。十九届四中全会通过的《中共中央关于坚持和完善中国特色社会主义制度、推进国家治理体系和治理能力现代化若干重大问题的决定》中首次把“民

① 习近平谈治国理政：第3卷[M].北京：外文出版社，2020：38.

主协商”纳入社会治理体系中，充分彰显了社会主义协商民主的独特优势。通过民主协商机制，畅通公众参与社会治理的渠道，保障群众有序参与公共事务，提升社会治理社会化水平。以浙江省诸暨市枫桥镇为例，该镇建立了“三上三下”（“一上一下”为收集议题，“二上二下”为酝酿方案，“三上三下”为审议决策）的民主协商机制，凡是重大事务，均会通过党支部、委员会的民主程序，广泛征集群众意见，由集体共同决定。

2. 党建引领基层社会治理的法治化

基层社会治理法治化于现代社会治理而言，有着无法替代的作用。这要求基层社会治理主体树立法治思维，坚持用法治的方式方法解决基层问题。一方面，依靠国家法律规范的强制力，加快社会治理方面的立法工作，制定完善相关法律法规；另一方面，积极发挥社会自治规范的自律作用，引导城乡基层组织制定完善“村社两约”、行业规章、团体章程等各类规则，提升社会主体的自治能力，形成“硬法”与“软法”刚柔并济、功能互补的运行机制。

3. 党建引领基层社会治理的智能化

随着技术手段的不断革新，党建引领基层社会治理借助科技力量实现腾飞已经成为大势所趋。在社会治理体系的构建中，“科技支撑”成为必不可少的关键要素，应助推技术与制度的交融，从根本上将大数据、云计算、互联网、人工智能、物联网等科技优势转化成社会治理的效能，保障社会的安定有序，满足人民对美好生活的需求。如今，在互联网普及的影响下，党建方式出现许多新变化。一些基层党组织在推进“网格化治理”时将支部建在网格上，充分利用“互联网+”的优势，实现信息共享，接诉即办。浙江省率先在全国打造基层治理“四个平台”即综治工作、市场监督、综合执法和便民服务四个平台，开展“最多跑一次”改革，并且建立了全流程在线矛盾纠纷多元化解平台，促进政府服务提质增效。此外，有些地方还建立了党建网站和学习平台，设计党建应用程序和微信小程序，利用聊天软件开展形式多样的党建活动，吸引青年党员的参与。

4. 党建引领基层社会治理的专业化

如今，人类面临的问题日益复杂多变，一方面是因为社会的发展进步带动了社会分工的细化，另一方面由于人民对美好生活的需要逐渐个性化、差异化、多样化。因此，专业的人做专业的事、保持专业的精神、运用专业的方法，才能提供更加精准贴心的服务。一是完善体制机制，制定支持社会治理专业化队伍建设的政策法规体系，健全人才的培养、考评和激励机制。比如，浙江省杭州市出台的《关于加强社会工作专业人才队伍建设和岗位开发的实施意见》指出，要科学合理地积极开发社会工作岗位，将专业人才配置到相应社会工作岗位。二是培养专业化人才队伍。由于我国社会工作专业人才与实际需求相比缺口较大，国家先后出台了《社会工作专业人才队伍建设中长期规划（2011—2020年）》《关于加强社会工作专业人才队伍建设的意见》，指明了社会工作专业人才队伍建设的目标和任务。不仅如此，各地高校开设了社会工作专业，向社会输送具备专业理论知识、经过系统训练的社工人才。三是宣传社会工作专业精神、传播社会工作价值理念、宣传社会工作服务内容，增强服务对象的独立性和自主性，引导他们通过“自助”找到解决问题的办法。例如，在各地社区开展的“三社联动”（“三社”即社区、社会组织和社会工作）中，许多项目的根本目的在于提升弱势群体的自身能力和行动价值，以此来应对困境、解决问题。

（二）模式创新：构建“横纵”基层党建新格局

1. 以区域化党建模式横向整合资源范围

单位制党建是基于行政隶属性和社会职能管理性的一种党建模式，相对单一且封闭性强、行政化色彩浓厚，由于各单位间党建目标存在差异，资源无法实现共享，党员难以形成有效整合。而区域化党建相对于单位制党建而言，是一种全新的基层党建模式，不仅适应了我国经济社会的发展需要，而且避免了基层党组织“悬浮化”“离散化”的风险，更加注重基层党组织整体功能的发挥。区域化党建是为了构建“条块结合、资源共享、优势互补、共驻共建”的基层党建工作新模式，从区域的角度对基层党建工作进行全面部署和系统推进，形成横向且开放的区域，将区域内的资源进行统筹协调，使得党组织更好地贴近社会、感受民意。实践中，区域化党建在街镇层面可以“向上”和“向下”开展双向延伸。向上通过在区（县）层面建立区域化党建联席会、区域化党建促进会、区域化党建联盟等区（县）级党建领导协调机制；向下在社区层面建立党建联席会，调动驻区单位党组负责人、业委会、物业公司等多方力量参与社区治理。

2. 以网格化党建模式纵向延伸服务路径

近年来，各地积极创新基层党组织的设置方式。其中，网格化党建是实践中最普遍、最典型的一种党建工作模式，主要是结合城市综合管理网格化管理机制，在街镇、社区中划分出若干个网格责任区，由党支部和党员担任网格中的责任主体承担政治与治理责任，党支部和党建网格相互对应。网格化党建的本质是构建起一套“纵向到底、横向到边”的基层党组织体系：纵向上，在原有的党组织体系的基础上向楼栋、居民党员延伸；横向上，加强与辖内企事业单位等社会治理主体的工作联系，形成党建工作合力，开展共驻共建。例如，上海市静安区静安寺街道的网格化党建创新，形成了“1+11+37”的网络结构，包含1个街道党工委、11个居民区和37个居民区和商业区的微网格，在深达楼组的网格体系中及时发现问题、畅通民意。网格化管理实现了党组织全覆盖，成为开展基层党建工作的主要途径。

（三）手段创新：实现向“功能引领”的转变

在党建引领社会治理的实践中，许多基层党建工作仍主要是通过组织引领来满足基础治理的需要。“组织引领”是以组织化党建的方式发挥党组织指挥、领导、协调的作用，常见做法就是“建组织、配干部、拨经费”。此种方式虽然具有相当可观的执行力，但是其组织网点过密、干部配置过多、投入成本过大等问题始终无法避免。所以，从治理效能的角度来看，应从静态的“组织引领”向动态的“功能引领”转变，才能更好地实现善治目标。在基层治理中，党建引领主要具有政治引领、资源整合、文化引导和利益协调的功能。

1. 政治引领

习近平总书记曾强调："要把加强基层党的建设、巩固党的执政基础作为贯穿社会治理和基层建设的一条红线。"①政治引领要求基层组织不仅要将党中央和上级党组织的决策部署在基层层面落地生根，而且要对包括政府部门在内的多元主体进行管理和监督，保障党员和人民群众站稳政治立场，依法依规地参与社会事务。

2. 资源整合

政党因其自身独特的权威性，天然地具有组织优势和资源优势，善于对社会资源进行整合。而基层是社会资源最为丰富的地方，党组织的作用就体现在将这些自发的、割裂的、非公共性的资源进行协调和改造，进行有计划的统筹和引导，实现体制内外的结合、党员群众的互动，推动资源协同效应的产生，构建多元共治的格局。像浙江省诸暨市店口镇外来打工人员较多，基层党组织为了解决他们的子女暑期来店口镇无人照料的问题，举办了多届"小候鸟夏令营"，党员、志愿者、企业负责人等纷纷参与其中，组织了包括体育、阅读、科学、国学、艺术、红色教育等丰富多彩的活动。

3. 文化引导

一个地方的文化是当地人风俗习惯、思维方式、价值判断及生活方式的凝练，具有广泛而强大的影响力。当今社会，人口的流动性非常大，不同地区文化间的差异性会影响基层社会治理中自治的凝聚力。因此，在实践中，基层党组织应以加强社会主义核心价值观教育为中心，加强法治道德宣传，大力弘扬中华优秀传统文化，形成共通共融的文化认同。通过党建带群建的工作机制，针对党员和群众的需求，开展形式各样的活动，培养公共意识，激发不同群体参与共建共治的积极性。

① 习近平关于社会主义社会建设论述摘编[M]. 北京：中央文献出版社，2017：129.

4.利益协调

基层涉及的问题十分繁杂，包括治安、环境、邻里关系、物业服务等，这些问题解决起来都比较棘手。不同社会主体由于利益诉求各不相同，因此不可避免地会产生利益冲突和矛盾，党建引领能够发挥协调解决纠纷的作用。搭建党建平台，充分发挥党组织的沟通能力，也能够促成社会共识，缓解各方矛盾纠纷，维护人民群众的权益，引导多元主体有序参与基层建设，保证基层社会治理网络的稳定。

三、党建引领基层社会治理创新的实现路径

基层治理架起了不同社会治理主体之间沟通的桥梁。随着党建引领基层治理进入理论和实践创新的“深水区”，需要把握基层社会治理中的难点和痛点，探索出更具针对性和实效性的路径举措。

（一）夯实基础，始终以提升组织力为根本要求

党的十九大报告明确提出，基层党组织建设要“以提升组织力为重点”[①]，发挥战斗堡垒作用，主动服务群众，亮出身份，提升群众对党的政治认同。

一要突出政治功能，发挥基层党建的载体作用。时刻把握好方向性问题，掌好基层治理的“舵”，确保政治上不偏航。从各地的实践来看，部分基层党组织仍将党建当作“走过场”“形式化”的工作，引领社会治理工作的“手”不是伸太长，就是够不着，甚至出现“空转”现象，弱化了党组织的核心作用。因此，要大力提升广大党员的素质，开展教育培训，增强其专业能力，充分发挥党组织在基层治理中担当作为、尽职尽责的作用，使“党的声音一传到底、党的工作一呼百应”。

二要深化社区党建工作机制，搭建党建引领共治平台。构筑“街道党工委—社区党组织—小区党支部—楼栋党小组”四级管理架构，因地因需

① 习近平谈治国理政：第3卷［M］.北京：外文出版社，2020：51.

划设党建网格“单建”或“联建”党支部，成立在建小区临时党支部，切实把党的组织和服务延伸到群众身边。

三要深化“双报到、双报告”机制，构建“社区吹哨、党员报到”的联动响应机制。深入推进“双联”“双应”（“双联”即机关联系基层，干部联系群众；“双应”即党组织对群众有求必应，群众对党组织一呼百应）建设，供需两端发力，推动在职党员嵌入社区治理。“供给端”厘清在职党员的“服务边界”，“需求端”厘清居民“需求边界”，激发在职党员、居民、社区积极性，形成“社区吹哨、党员报到”的联动响应机制，进一步密切党群干群关系，夯实基层治理力量，提升基层治理能力和水平。

四要推进社区物业党建联建，持续打造“红色物业”模式。推行“双向进入、交叉任职”，社区共产党支部委员会和居民委员会成员担任物业公司义务监督员、物业公司负责人担任社区党建共建委员会兼职委员。在推进“红色物业”模式过程中，将物业服务企业的党建工作情况、社区党组织评价作为其评级的一项重要指标，以“党建+”推动物业服务提质增效，满足群众美好生活需要。

（二）锚定目标，遵循以人民为中心的价值追求

基层治理的最终目的是使全体人民过上美好生活。近年来，基层社会治理面临着化解矛盾纠纷、维护社会稳定、协调利益关系、避免社会分化等多重挑战，为此基层党组织更需要始终牢固树立以人民为中心的发展思想。

一方面立足于“为了谁”，千方百计地解民忧、纾民困，从群众急难愁盼的问题着手，回应利益关切，突出需求导向，因地制宜、精准高效全方位地开展党建工作。一是构筑群众诉求表达平台，让群众“有地说理”，通过“居民恳谈日”“小巷议事厅”等方式“零距离”倾听群众心声；二是搭建干群互动常态化机制，鼓励基层创新联系群众的方式方法，以常态化的互动机制代替应激式回应，在互动中及时感知社情民意，发现潜在问题，变“事后解决”为“事前预防”，前移基层治理端口。

另一方面立足于“依靠谁”，广泛调动群众参与基层社会治理的主动性，畅通群众参与自治的渠道，使群众真正成为共建共治共享的主角，培育“大家的事大家办”的良好氛围。一是强化典型引领作用，注重挖掘群众身边的先进人物及其事迹，用身边人、身边事感召群众，通过评选“最美家庭”“身边好人”等活动，以榜样的力量凝聚大众的思想共识；二是扩大志愿队伍，广泛发动社区党员、团员、居民代表、楼栋长、退休干部等参与社区志愿服务，发挥志愿服务在基层治理中的积极作用；三是培育社会组织，健全社区社会组织培育发展政策体系，加大对社会组织培育和支持力度，建立完善社区社会组织备案管理制度，加快发展生活服务类、公益慈善类、居民互助类和社区治理类社区社会组织，重点培育服务特定群体的社区社会组织。

（三）善用技术，大力推进党建信息化工程建设

在基层党建工作中，党员对技术手段的理解和运用较为简单，大部分地区的“互联网＋党建”仅停留在聊天软件的使用上，治理理念和技术利用手段还相对滞后，数据价值有待开发，数据壁垒仍然存在，力量不整合、末端不协同，尚未形成及时响应、上下联通的信息共享网络。

如今，技术进步日新月异，场景覆盖越来越广。“互联网＋党建”“智慧党建”与大数据、人工智能的整合应用已经成为基层社会治理的必然趋势。如此，能够打破传统党建模式的封闭性，促进党建手段由传统到现代、党建工作由分割到整合、党员管理由标准化到精细化的发展，将技术加持转化为服务效能。

党建信息化平台可以充分运用新技术的优势。一是加强对党员的教育培训，共享信息资源；二是与城市管理服务平台、政务信息平台等进行整合，提升“最多跑一次”“AI办事”等便民服务的质量；三是创新帮困工作模式，困难群众以“微心愿”的形式发布自己所遇困难，由党员群众和基层党组织及时认领，让党建工作看得见、摸得着。

总之，党建引领基层社会治理创新的未来发展需要深入理解基础、手

段与目标三者之间的内在关系。通过提升组织力强基固本，实现根本要求；充分运用技术赋能，以推进党建信息化工程建设为主要途径，不断提升工作效率；将以人民为中心的价值追求作为一切工作的出发点和落脚点贯穿始终，推动党建引领基层社会治理实现有效创新。

基础不牢、地动山摇，基层是国家治理体系的“神经末梢”，也是矛盾问题最突出、感知需求最强烈、社会资源最丰富、群众活力最集中的地方。在中国特色社会主义的实践中，党建引领与社会治理在基层层面实现了双向契合，共同推动构建具有现代化水平的共建共治共享的社会治理格局。

数字治理赋能市域智治的理论逻辑与运行机制
——以芜湖市为例

承孝敏，叶云岭，张硕①

摘　要：当前市域社会治理面临着结构性与功能性双重困境。面对传统治理体系应对市域社会治理存在能力不足、矛盾风险升级、统筹协同能力较弱与社会参与原子化等问题，整体智治思路下的数字治理在一定程度上对其进行了回应。本文在界定与厘清数字治理的关键内涵、治理特征、治理要素等核心理论框架的基础上，对芜湖市市域智治的措施与经验进行归纳总结，分析如何通过全周期治理、完善智慧治理应用场景与构建市域治理整体智治模块实现整体智治的结构重塑与功能重组，为未来如何通过数字治理赋能市域治理现代化提出建议。

关键词：市域社会治理；治理现代化；芜湖市；数字治理

市域社会治理不仅是推进国家治理体系与治理能力现代化的重要抓手，也是建设平安中国的关键所在。肆虐全球的新冠疫情证明，针对城市社会人口的高度密集、高流通性及城市风险的强溢出性和高风险性，市域治理可有效将重大社会风险控制于市级这一关键隘口。

我国高度重视数字技术在社会治理与数字政府中的创新应用，尤其在党的十九大之后，党中央将数字化转型上升为国家战略，提出了实施国家大数据战略，加快建设数字中国，开启了系统性、整体性的数字化转型之路。在党中央的高度重视与顶层设计的推动下，我国数字化建设成效显

① 承孝敏：安徽师范大学硕士生导师，长三角信息智能创新研究院常务副院长，研究方向为智慧城市与社会治理；叶云岭：博士，长三角信息智能创新研究院院长助理，研究方向为数字经济；张硕：长三角信息智能创新研究院智库研究员，香港理工大学社会政策硕士，研究方向为市域社会治理。

著，社会生活与经济生产的数字化程度不断加深，十四亿多人口造就的数字红利得以凸显。移动支付、电子商务、电子政务与网络社交等数字方式逐渐嵌入社会大众的日常生活，数字意识与思维的建立也为我国数字化转型奠定了基础。在数字技术与社会治理的结合上，电子政务、“互联网+”政务服务、数字政府、城市大脑与智慧城市建设成效显著，我国成为全球数字治理的先行者。面对肆虐全球的新冠疫情带来的巨大挑战，数字治理成为我国疫情防控、复工复产的重要抓手，保障我国成为2020年全球唯一实现贸易正增长的主要经济体。党的十九届五中全会提出，我国要进一步加快数字化发展，加强数字社会、数字政府建设，提升公共服务、社会治理等数字化智能化水平。《中华人民共和国国民经济和社会发展第十四个五年规划和2035年远景目标纲要》明确提出不断提升城市治理科学化精细化智能化水平，推进市域社会治理现代化。在此过程中，通过数字化治理手段的赋能，提升治理的数字化与智能化水平，提高治理能效是当前推进我国市域社会治理体系与治理能力现代化的迫切需要与战略选择。

从电子政务到数字政府，数字技术不断创新，在我国社会治理中的应用领域不断拓展，治理的内涵不断外延，治理的主客体、理念原则、运行机制与方法路径等也在发生深刻变化。近年来，学界分别从不同学科背景对数字治理进行了多维研究，其内容包括电子政务、政务信息化、数字政府、数据治理、平台治理等，但就数字治理与市域社会治理的嵌入研究还缺乏系统的理论概念框架。毫无疑问，数字治理是复杂、多维、动态的治理体系及过程，绝非某一学科就能对其进行概括与逻辑归纳的，建立相对科学合理的理论概念框架对数字治理与市域社会治理的嵌入融合进行分析与总结是亟待完成的任务。

本文的价值主要在于：第一，梳理与界定了数字治理的概念；第二，分析了数字治理的特征与基本要素；第三，总结芜湖的数字治理实践，分析其与整体智治之间的逻辑联系；第四，对未来数字治理如何促进市域社会治理现代化提出政策建议。

一、数字治理的内涵与要素特征

（一）数字治理的内涵

“治理”一词最早可追溯至古希腊，在拉丁文与古希腊文中，“Kubernan”原意指“驾驶”或“转向”，后柏拉图将这种“治理”概念应用于国家规则系统的设计中[①]。12世纪，其主要含义是指政府与管理（government）。16世纪“治理”（governing）被理解为“治理术”（governmentality）。20世纪60年代之后，企业管理领域开始同时使用“统治”（government）和“治理”（governance）等字眼[②]，但二者的真正的区分源于1989年世界银行发布的《撒哈拉以南非洲——从危机到可持续增长》报告。该报告首次提出“治理危机”（governance crisis），并指出非洲贫困问题的反复出现的背后根源是“治理危机”。在随后世界银行发布的《治理与发展》报告中，“治理”被定义为“行使合法化权力以利用资源促进发展而非增长的过程”。当今学界与政界通用的“治理”的内涵是20世纪八九十年代之后所确认的，指公共机构、私营机构与个人管理社会集体问题的过程与方式的集合。在这一集合中，人们既遵循正式的制度、政策与规则，也遵循非正式的社会规范与道德准则。

综上所述，治理内涵随着治理主客体、治理过程与治理内容的变化而变化。治理主体从单一的政府演变为多元主体，治理的客体也从社会事务外延至国家公共事务。随着信息技术的飞速发展，数字化已经成为现代化社会的主流趋势。在这个背景下，数字治理作为一种新型管理模式，正在逐渐被各国政府所采用。数字治理至少包括三方面的内涵。

一是“对数字的治理”，即数字成为治理的客体之一。数据已经正式

① 李韬，冯贺霞．数字治理的多维视角、科学内涵与基本要素［J］．南京大学学报（哲学·人文科学·社会科学），2022（1）：70-79.

② 翁士洪．数字时代治理理论：西方政府治理的新回应及其启示［J］．经济社会体制比较，2019（4）：138-147.

成为一种新型生产要素，是数字技术与数字经济的重要基础，其生产函数等同于技术、资本、土地、人力等传统生产要素之于经济产出，成为新兴生产要素的同时也成为重要治理资源之一，是未来国际竞争的先导领域。数据要素的所有权、使用权、监管权及数据资产定价、数据安全、隐私保护等构成“对数字治理”的全新体系。

二是“运用数字的治理”，即运用数字化手段与技术于现有治理格局中。数字并非今日才有，明史学家黄仁宇曾提出“数目字管理”，指将社会资源整合进同一个数字化记录系统并进行数字化管理，可见利用数据进行统治与管理自古已有。当下，大数据、互联网、人工智能、区块链等新一代数字技术可以为国家与社会治理进行更全面的“数字赋能”，提高治理效率，提升治理精度，实现复杂社会问题的跨地域协同、个别问题的精准滴灌、潜在问题的超时空预测等，优化治理能效。

三是“对数字衍生空间的治理”，即对人类生活空间数字化扩展而来的数字空间的治理。随着越来越多的社会交往活动与经济生产在线上进行，人们的现实生活空间逐渐繁育出一个孪生的数字空间，成为数字治理新场域，数字空间将会以全新的方式重塑社会关系与经济价值。当下，因数字空间的特殊性引起的诸多问题亟须解决，如数字空间进入与使用的不平等、数据的过度采集与隐私泄露、算法权力对人的主体性的弱化等，需要建立适应数字空间的新型治理体系对其进行有效治理。

本文紧扣数字治理与市域社会治理现代化之间的逻辑路径，将数字治理界定为：以人为本，以共建共治共享为导向，通过数字技术赋能社会治理体系与治理能力，在政府主导下，构建多元主体共同参与、协同发展的新型治理体系。

（二）数字治理的要素特征

从最初信息化条件下的无纸化办公、电子政务，再到数字化条件下的数字政府、数字社会、数据治理等，数字治理的概念界定及其内涵外延发生着深刻的变化。数字治理的特征包括以下三点：一是治理对象的复杂性、多变性与多元性与日俱增。数字技术开启了全新的人类社会的生活空间，也带来了新的风险挑战：网络空间、数字空间不断创生出新的治理对象；绝对工具理性与人类应用技术的有限理性之间的冲突日益强烈，使治理问题更加复杂多变。二是治理主体更加多元。在人类历史上的绝大多数时期，政府处于绝对统治的治理主体地位，甚至是唯一治理主体。而在数字化背景下，政府不再是唯一的治理主体，公民、社会组织、网络群体、企业等逐渐成为社会治理体系的重要组成部分，数字化条件下形成了更加多元协同的治理主体格局；三是治理方式与参与渠道更加多样。数字技术的应用丰富了治理工具与手段，创新了治理方法。大数据、互联网、人工智能、云计算等数字技术能有效快速地汇聚社会、经济、政治、安全、文化、生态等多领域的信息资源，通过挖掘数据与智能分析，为治理主体作出决策提供依据。数字技术在社会治理中的应用，突破了时间与空间的局限，为社会大众参与社会治理提供新渠道，互联网也成为公民发表意见与表达诉求的直接平台，决策者越来越多地依靠互联网问计于民、问政于民，了解群众的切身利益问题。

在数字化条件下，治理框架发生了质的变化。基于上述分析，本文提出数字治理的四个基本要素，即治理原则、治理主体、治理手段和治理逻辑。

治理原则。在数字条件下，笔者认为治理原则应该包括以人为本、社会公平、透明公开、简捷易得和共建共治。首先应当认识到治理本身并非最终目的，无论何种治理模式都是人民对于治理需求的派生物，是推动治理体系与治理能力现代化并最终提高人民获得感、幸福感、安全感的手段。因此，首先要坚持以人民为中心、以人的发展为目标，保障人的社会主体性，防止技术权力、算法权力对人的主体性地位的削弱。公平是社会治理与社会发展的基本原则，数字治理的发展方向不能偏离治理的基本轨道，国家互联网信息办公室等九部委于2021年9月出台的《关于加强互联网信息服务算法综合治理的指导意见》提出推动算法公开透明，以规范算法应用、提升网络综合治理能力。透明公开是维护数字空间秩序、社会秩序与防范算法滥用与歧视的基本前提。简捷易得是保障数字技术的普惠性与均衡的参与权的重要原则，能够避免不同群体、不同个体、不同地区与不同代际之间因数字能力、数字素养等差异造成的“数字鸿沟”与数字不平等。

治理主体。首先，政府在治理格局中的角色定位发生变化。传统治理条件下的政府是唯一的信息与资源的提供者，是治理的管理者与决策者。数字治理体系中的政府，不再是治理资源的垄断者，而是转为信息与资源的提供者、治理过程的服务者与多元治理的引导者。这种转型本身意味着政府—社会治理格局的转变，不再强调政府对社会事务的控制与管理，而是强调通过建立正式的规章制度与非正式的社会规范，保障社会成员的知情权、参与权与监督权，引导多元主体参与治理，打造强社会的治理格局，这种转型也符合现代政治学中“有限政府”的政治理念。其次，治理主体不断丰富，实现多元化。民众、智库、社会组织、网络社群、平台企业等均可成为数字治理的主体，因此要把握好政府与多元治理主体之间的参与平衡。互联网、大数据、区块链等数字技术的运用，进一步强化了治理包含的民主与平等协商。为了保障这一点，一要发挥政府的主导与引导作用；二要引导社会组织、平台企业等承担起数据责任；三要激发民众、网络社群等社会群体的协同合作。

治理手段。传统治理手段主要包括司法手段、行政手段等，数字技术的兴起创造了更多样的治理手段，主要是数字化手段与市场手段。例如，以“健康码”为代表的数字化治理手段在新冠疫情防控期间发挥了不可或缺的作用，为我国实现复工复产与动态清零提供了重要技术保障。掌上政务平台与各个政府门户网站应用较为普遍的新型数字化治理手段，不仅利于大众掌上办理事务，而且大幅降低了治理成本，优化了治理效率。

治理逻辑。在治理逻辑方面，要注意技术逻辑与价值逻辑的均衡，数字治理因数字化治理手段与传统治理模式区分开来，追求高效、简洁、准确、普遍应用的技术逻辑是其应有之义。同时，治理本身也有着以人为本与共建共治的价值逻辑。当参与主体变多时，治理效率与精度、效度的下降是不可避免的，数字技术的技术逻辑与治理的价值逻辑本质上就存在逻辑冲突与功能对冲。因此，要做好法律法规的创新与延伸，将法律监管延伸到新领域、新业务上，明确规定数字技术在治理体系中的作用与应用范围，要让技术与算法适用于社会，而非让社会适应算法，避免算法对社会主体性的弱化。同时重视文化与伦理在数字治理中的作用，加强数字文化建设、数字伦理建设，加强人的数字素养与数字理念，巩固数字治理的文化土壤与价值根基。

二、市域社会治理的主要困境

城乡关系一改变，整个社会也跟着改变[①]，在重大社会风险出现之时，对市域的管控是防止单个风险演变成全局风险的重要一步。城市化发展及外来人口在城市的大量聚集，从根本上改变了城市原有的社会结构、社会关系及互动方式。市域社会治理现代化的内涵就是要构建起与城市社会生活相对应的治理体系与方式。传统模式下的市域社会治理主要面临以下四个挑战。

（一）传统治理能力难以应对繁杂的治理内容与精细的治理需求

恰如斯科特所言，前现代国家在财富、土地、居所、居民身份、疆土和生产等众多关键方面约等于盲者，上位者并不熟知被统治者，故而，粗劣治理以及政策的自相矛盾常常成为国家干预中的弊病[②]。数据时代的信息体量爆炸式增长，单纯依靠人力的治理方式终将落后于时代的车轮。倘若治理主体在对治理对象信息掌握上存在盲区，对社会粗糙且拙劣的干预将避无可避。幸运的是在当今世界，撬动社会变革的杠杆有了信息技术做

---

① 马克思恩格斯选集：第1卷［M］.北京：人民出版社，2012：237.

② 詹姆斯·C.斯科特.国家的视角：那些试图改善人类状况的项目是如何失败的［M］.王晓毅，译.北京：社会科学文献出版社，2004：2.

支撑[①]，信息技术不仅是社会变革的催化剂，也是提高市域社会治理能力的助推器，实现现代化的精细治理，治理主体首先需具备应对海量信息，并且能对其进行深入了解并掌握，从而做出快速反应的治理能力，这些都亟须实现市域社会治理治理能力的升级。

（二）人口大量聚集加大风险防范与纠纷化解难度

改革开放以来，我国的城市化速度与规模均属世界之最，据第七次全国人口普查数据显示，城镇常住人口超过9亿人，占63.89%。截至2020年底，我国城市数量达到684个。我国社会随着城乡关系的改变也发生着变化，传统社会关系逐步瓦解，熟人社会消失，社会复杂程度与日俱增，同时，社会凝聚力日益原子化，社会失范行为及其发生率逐年走高。根据国家统计局数据，1999年至2018年我国妨害社会管理秩序案件数（人民检察院批捕、决定逮捕犯罪嫌疑人）呈上升趋势，1999年为54331件，2018年为235745件。有研究认为，流动人口的增加、非正式社会控制的减弱、资源分配结构的失衡等因素导致了犯罪率的上升[②]。外来人口的聚居瓦解了传统单位社区的熟人社会格局，弱化了居民间的感情连接与社交网络，改变了社会关系与人际交往方式，增加了失范行为发生的概率与矛盾纠纷的产生。诞生于社会主义建设初期的“枫桥经验”如何与时俱进，适用于新时代的市域社会治理，实现矛盾的就地解决及以非诉讼方式解决居民纠纷，均是市域社会治理面临的新挑战。就风险防范而言，建立健全市域风险防范体系，提升市域生活安全保障能力，维护社会运行的安定与有序是当前市域治理面临的重要挑战。

（三）治理规模扩大导致市级统筹协调难度增大

市域治理是国家治理在市域范围内的具体实施，是国家治理的重要基

①张康之.论信息技术应用中的社会及其治理[J].武汉科技大学学报（社会科学版），2017（4）：349-357.

②白建军.从中国犯罪率数据看罪因、罪行与刑罚的关系[J].中国社会科学，2010（2）：144-159，223.

石。相比基层治理与县域治理，市域治理有着更丰富的内涵。这既源于人口规模、事务类型、治理范围的外延扩展，也是因为其治理下组织结构更交错，等级层序更为复杂。组织结构规模的扩大，加剧了纵向和横向工作的复杂性，加大了政府部门纵向统筹与横向协调分工的难度。社会事务在市域治理层面，牵涉的部门更为繁杂，多个条线带来更多治理资源和权力的同时，进一步加剧了社会治理的碎片化，易造成“多头管最终无人管”的治理盲区。因此，现代化的社会治理必须在市域一级打造整体协作型政府，打通市域各部门协作的横向壁垒，将治理资源与力量贯通每一条线。

（四）城市居民异质性导致的公民参与原子化及社会分裂

快速城镇化必然引起整个社会秩序的重新调整，并很可能引起社会的剧烈分化和整合。原本基于血缘、地缘、业缘等社会关系所组成的同质性群体在城市化的冲击下，整合度大不如前。而具有同质性的个体组成的各类群体是社会凝聚力的基础，快速城市化削弱了这种凝聚基础，社会团结原子化等问题也随之产生。部分研究认为，城镇化导致的社会生活方式的变革将会动摇甚至摧毁城市社区的存在基础[①]。如何在日益分化的市域生活的现实基础上重建社会的有机团结成为日益严峻的挑战。这已经成为打造活力十足的自治主体及建设共建共治的社会治理格局的突出障碍，不仅影响城市居民生活的获得感、幸福感与安全感，而且不利于和谐社会及平安中国建设。

三、市域社会的全面智治：芜湖的数字治理实践

芜湖市是全国首批智慧城市试点，具备一定的数字化与智能化治理基础。基于此，芜湖市立足智治创新，积极探索市域社会治理现代化并取得了一系列显著成果，在以智治推进市域社会治理现代化方面积累了许多实践经验。

① 程玉申，周敏．国外有关城市社区的研究述评[J]．社会学研究，1998(4)：56-63.

（一）探索“互联网+生命树”的全周期治理机制

芜湖市围绕自然人和法人需求，使“互联网+政务服务”平台符合国家标准，顺利融入安徽省系统，让网上政务服务能够统一门户，实现统一认证，并且促成支付统一、监察统一，保证全程留痕，99.94%的政务服务事项可在网上办理，电子证照可支撑办事服务率达48%。围绕公民“由生到逝”全生命周期创建“生命树”数据比对模型，推进各部门业务系统围绕基层治理、公共卫生、信用监管等领域打造协同应用场景，在城市智能化进程中，实现全面感知、可视化的态势监测、可控化预警处置和智慧化协同联动。

（二）拓展完善智慧治理应用场景

芜湖市创新设计“全民社管”应用，居民通过“城市令”随手拍、随时报基础设施、公共安全、环境卫生、市场监管等城市问题，由信息平台精准分派至问题所在网格进行确认，各行业监管部门负责处理。利用时空技术和大数据分析，向居民发布“红包核查”任务，动员其对处置完成案卷进行核查，并通过“城市令”提示附近区域的居民参与抢单核查，核查无误随机奖励现金红包或移动流量。“全民社管”运行以来，居民积极参与“红包核查”，将“人人参与、人人尽力、人人享有”的共建共享社会治理新思路因地制宜地进行本土化创新。

新建1.23万余路高清摄像机，整合接入5.5万余路社会视频监控资源，在主城区及港口沿线建成纵横交错、高低搭配、上下联动、水陆覆盖的视频防控体系，汇聚46类场景、4万余路物联感知资源，初步实现了全市综治部门跨越地区、联合部门、联通行业间的指挥调度、分析研判应急处理、服务管理等众多应用业务的可视化、智能化和扁平化，为疫情汛情防控提升效能提供有力支撑。近3年来“雪亮工程”破案贡献率超过90%。2020年全市刑事案件发案数、八类别暴力犯罪发案数、盗窃案件发案数同比分别下降21.6%、9.8%、46%。丰富共享交换数据种类，以“智慧政法平台”为基础，在云平台上构建了舆情信息等12个政法专题数据库，集成警情、案情、社情、舆情并对其进行深度挖掘分析，每天自动生成“风险管控要情”，助推风险防控从事后应对向事前防范转变。经济领域以防范串通投标行为作为突破口，自主研发“芜瑕串通投标犯罪研判模型”，依托大数据技术成功构建具有芜湖特色的“靶向”打击围串标行为模式。

建立解决纠纷资源库，实现矛盾纠纷一站式“问诊”。整合调解资源，实现矛盾纠纷一站式解决。引进224家专业调解机构入驻网上平台，注册调解员802名，形成党委政府统一领导，市委政法委率先牵领，各级信访部门和行政司法部门、法院及相关主管部门联动，社会力量中的第三方调解组织大力协作的多方协同格局。

（三）构建多源数据模块支撑整体市域智治

深化建设市县一体化的城市数据中心，推进全市各领域数据采集融合，完善“数据治理生态链”，实现共性应用能力在智治应用场景中跨区域、跨层级、跨部门的共享共用。目前全市整合市直各部门数据资源，中心云平台上有122个单位、179个应用系统协同运行，有1450类数据源源不断汇入，为社会治理大数据提供了源头活水。建成全省首个高效运行的政务云计算中心，坚持由市级完成统筹规划，做到统一建设，实现统一管理，整合市直各部门数据资源，迁入集成122个单位、179个应用系统，新建信息化项目需求全部由政务云平台提供支撑，相关单位只需做好具体的推广应用工作，拒绝重复建设，年节约资金约2000万元，并且做到根据信息孤岛，建成全市通盘设计，实现整体有效推进的顶层设计，提升信息化系统运行效率。

四、全面智治的理论逻辑：结构重塑与功能重组

数字治理有利于解决市域社会治理面临的功能性与结构性双重困境，因此全面智治必须实现对二者的重塑与重组，高度融合市域治理中可利用

的治理资源与数字技术，突出数字化智能化的同时，构建整体统筹协同的现代化治理模式。

（一）市域治理的结构重塑

市域社会治理虽然拥有更高的治理权限与更多的治理资源，但资源与权限难以集中，条块间的“各自为战”现象普遍，存在治理协同性不强、协同难度大、精细化民生需求难以及时回应等治理难题，需要以整体智治的思维突破原有碎片化、断层化的治理体制，通过数字技术整合资源与力量，构建起网络化、数字化、智能化、整体化的协同治理体系。这种结构性的重塑需要政府内部各部门间的协同推动，也需要市场、社会、民众等各类主体的共建共商共治共享，充分调动社会力量广泛参与。

第一，以顶层设计带动机制调整形成部门协同治理框架。构建数字治理理念中枢，建立书记、市长挂帅的信息化建设委员会，打破各部门自建一套信息系统的思维定式，在全市范围内整合基层常用的市级信息系统，建设基层综合服务平台为智治赋能突破机制壁垒。建设市级大数据中心，各单位各应用系统在云平台上共同运行，统筹各类数据，完善数据治理生态链，使之成为社会智治的源头活水。

第二，以数字化手段形成大数据治理体系。畅通网络通道，提高“数字基建”水平，实现市、县（区）、镇、村四级全覆盖。依托持续更新的城市勘测底图，不断完善全市统一地理信息（GIS）共享平台，为各类网格化管理应用提供技术支撑。促进政法工作需求精细化，推进智慧政法产品供给侧结构性改革。依托“雪亮工程”、政法专题数据库、矛盾纠纷智能处理三大平台，为市域风险防范与矛盾纠纷化解提供坚实的硬件与软件支持。以大数据识别回应工作需求，集成警情、案情、社情、舆情并进行深度挖掘，每天自动生成“风险管控要情”，助推风险治理从事后应对向事前防范转型。

第三，构建权责统一的共建共商共治格局。凯斯桑斯坦指出，民主制度能够促进信息的共享并形成良好的参与反馈，这些有利于推动民众的参与[①]。从操作层面上，清晰划分社会治理责任，让“人人有责”促成“人人尽责”，才能让社会治理更好推进，更加顺应民意、符合民心。在特定场景，政府可以通过党员带头、网格员下沉等措施动员群众。同时，对治理责任进行数字化处理，探索社会治理责任与主体的匹配路径。

（二）数字治理的功能重组

市域数字治理中，需要通过技术融合、数据融合、社会融合实现技术与治理的功能重组。这种重组体现在通过数字化治理思维与手段对原有治理功能进行数字化、智能化、场景化、动态化、协同化。首先，从碎片化迈向集成化。市域治理面临部门条块众多，权力分散、资源离散、利益诉求多元等碎片化困境导致治理盲区存在。通过统一的市中心云平台对治理功能进行集成，形成智慧党建、智慧政法、智慧执法、智慧防控、智慧民生等治理模块，能够实现治理功能的重组。其次，从文件文本迈向场景化。依靠文件文本、政策条文与行政命令的方式进行治理终归会陷入高成本、低效率的困境。而互联网、大数据、云计算等数字技术的场景化应用，将平安建设、经济金融、社会民生、公共执法等业务纳入数字化应用场景中，最大限度地汇聚数据，利用数字技术，提升治理效能。最后，从临时化到常态化。类似新冠疫情防控期间采用的数字手段，其初始动因是防疫安全，在此类数字治理模式下的政务办理、部际协同、社会关系等均发生了根本改变。治理主体顺势而行，加大强调部门间的数据互通与积累，为治理问题的溯源追踪、动态响应、实时分析夯实数字基础，推动数字技术的协同应用从临时性应急机制转变为常态化的工作机制。

① 凯斯·桑斯坦.网络共和国：网络社会中的民主问题[M].黄维明，译.上海：上海人民出版社，2003：47.

五、以数字治理推动市域社会治理现代化的实现路径

（一）健全“数字基建”，确保数字获得权的均等化

数字技术的使用与普及离不开基建支撑，在新冠疫情暴发后，数字基建在疫情防控与社会治理中的重要保障功能得到充分体现。数字基建不仅事关数字治理，也关乎数字社会与数字经济，因此加强数字基建不仅是我国各个代际、各个地区与各个群体数字实现权利均等化的现实保障，也能为我国实现共同富裕奠定重要基础。健全“数字基建”，目的在于保证全国各地区各民族人民享有获得数字技术与数字服务的平等机会。基建有着非竞争性与排他性，国家财政承担建设成本，能够让落后地区与弱势群体也得以享有基本的数字使用权，保障其发展权，最大程度上消除贫富、性别、地区、民族、年龄等差异造成的数字鸿沟。

（二）建设“政府—市场—社会”多元治理机制

推动我国政府在数字空间中承担起独立监管、制定规则、风险预警、事故调查等职能，引导各治理主体塑造公平、安全、高效的治理运行体制。市场在资源配置中起基础性、决定性作用。互联网市场是当下市场中最具活力，也是最具潜力的一环，是数字技术与数字治理创新的直接增长极，政府在保障应对市场失灵、监管不足等问题时，还应最大化激发市场活力。社会是技术应用的直接场域与接受者，再先进的技术也必须通过与社会的链接才能发挥出作为治理手段的功能。与社会的对接意味着技术必须适应社会大众话语、社会风俗与社会规范。社会是技术的运营环境，因此在数字治理体系中必须保证技术对社会逻辑的服从，而非打造一个“人人懂算法”的社会。

（三）全链“数字赋能”，完善协同推进的工作机制

当前我国许多城市在开展对市域治理链条的数据赋能，然而市域治理现代化依然难以与数据赋能目标有效融合。数字技术的建设与使用具有高投入、高成本、高门槛的特性，这些特性使某些部门由此获得更大的治理权限与治理资源，导致治理责任下沉而治理权力上浮，“数字赋能”不仅没能为基层减负，反而加重了基层负担。

市域社会治理现代化不是以单一部门为治理中心，而是经过全链“数字赋能”之后将政府多条块多层次部门整合成治理集群，形成一种系统集成、协同高效的功能集群，如“城市大脑”的跨部门应用，使数字技术从部门应用转向模块应用，促进治理体制的协同增效。

（四）回归“社会本位”，避免算法对人主体性的弱化

传统的治理权力始终掌握在各类治理主体即人的手中，因此保障了人实际上的社会主体地位。数字化时代，海量数据导致人必须借助数字化工具才能完成数据整理、资源配置与决策分析，间接强化了技术的主体性权力，弱化了人的主体性权力。技术本身并不具备权力属性，只有当技术脱离了人的掌握产生实质影响与控制时才具备权力属性。在大数据与算法视野下，人成为被计算、被使用的客体，被技术与算法弱化了主体性。人的决定权是人类社会的核心所在，必须通过回归“社会本位”，避免治理逻辑被技术支配。必须坚持技术服务于社会，而非社会适应技术，不能接受新兴技术的社会群体并非“异端”，而应该对不能适用于社会的技术进行再度优化。因此，数字治理不能以打造一个“人人懂技术，人人懂算法”的社会环境为目标，而要让技术植根于社会。数字技术的应用能否发挥出作为治理工具的成效，取决于社会对该项技术的认知与接受程度。

协商民主在基层治理中的逻辑理路与共建路径

——以芜湖市镜湖区“两代表一委员基层治理机制”实践考察为例

尹家德，罗先奎[①]

摘　要：党的十九届六中全会通过的《中共中央关于党的百年奋斗重大成就和历史经验的决议》指出，积极发展全过程人民民主要“构建多样、畅通、有序的民主渠道，丰富民主形式”。党代表、人大代表、政协委员多方参与基层社会治理是构建“政治协商+基层治理”的新探索，有利于提升基层治理效果。通过对“两代表一委员”基层治理机制的考察，我们发现协商民主与基层治理具有内在价值的统一性，“两代表一委员”参与基层治理，为协调利益关系、化解社会矛盾提供了重要平台，有利于将政治制度的优越性转化为强大的治理效能，促进社会的和谐稳定。

关键词：协商民主；基层治理；逻辑理路；共建路径

党的十九届六中全会通过的《中共中央关于党的百年奋斗重大成就和历史经验的决议》指出：“构建多样、畅通、有序的民主渠道，丰富民主形式，从各层次各领域扩大人民有序政治参与，使各方面制度和国家治理更好体现人民意志、保障人民权益、激发人民创造。”党代表、人大代表、政协委员多方参与基层社会治理，丰富了协商民主内容，是发展社会主义民主的创新成果。

---

① 尹家德：芜湖职业技术学院教师，研究方向为高等教育；罗先奎：芜湖职业技术学院教授，博士，研究方向为高等教育。

一、协商民主与基层治理内在价值的统一性

党的二十大报告指出，要全面发展协商民主，推进协商民主广泛多层制度化发展。基层民主是全过程人民民主的重要体现，而协商民主是实践全过程人民民主的重要形式，对于增强社会活力、稳定社会秩序、发展基层治理具有十分重要的意义。

（一）协商民主与基层治理本质上相一致

人民群众是历史的创造者，是国家和社会发展的推动者。以人民为中心，增强人民群众幸福感、获得感、安全感，不断满足人民日益增长的美好生活需要，是中国共产党执政为民的集中体现。“社会主义协商民主有利于保持党同人民群众的血肉联系，巩固和扩大党的执政基础。协商民主是中国共产党的群众路线在政治领域的重要体现。”[①]基层治理的主要内容就是解决人民生活中的“小事”，完善基层治理体系建设，在追求公共利益最大化和正义价值体现之间寻求最佳结合点。协商民主有利于开创基层治理共治共建共享的新局面。

（二）协商民主与基层治理任务上相呼应

在革命战争时期，毛泽东同志提出了“三三制”原则，即“根据抗日民族统一战线政权的原则，在人员分配上，应规定为共产党员占三分之一，非党的左派进步分子占三分之一，不左不右的中间派占三分之一”[②]。这是党内最早的民主协商的政治组织形式，随着时代的发展，协商民主与时俱进，2015年2月，中共中央印发的《关于加强社会主义协商民主建设的意见》指出：“协商民主是在中国共产党领导下，人民内部各方面围绕改革发展稳定重大问题和涉及群众切身利益的实际问题，在决策之前和决

① 习近平新时代中国特色社会主义思想三十讲［M］.北京：学习出版社，2018：176.

② 毛泽东选集：第2卷［M］.北京：人民出版社，1991：742.

策实施之中开展广泛协商，努力形成共识的重要民主形式。”治理是指在一定范围内，权威主体通过正式的、非正式的机制，围绕共同目标，指导控制规范行为，以期最大限度促进公共利益实现的过程。基层治理则一般是在县级及以下区域范围内，在党的领导下，以人民为中心，通过组织机制促进社会公平、增进人民福祉的过程。促进社会公平正义、增进人民福祉既是基层社会治理的价值指引，又是实现公共利益最大化及善治目标的出发点和落脚点。

（三）协商民主与基层治理路径上相贯通

协商民主是一种非刚性制度约束的、灵活的矛盾处理机制，主要以对话商讨等多种形式处理组织内部、组织之间、组织与公众之间的矛盾，通过权利让渡等方式，妥善调和各方利益关系，维护区域和谐稳定。

第一，协商民主强调主体多元，突出主体参与度，主张平等对话协商，达成最大共识。人民代表大会制度是我国的根本政治制度，真正体现人民当家作主。中国共产党领导的多党合作和政治协商制度体现社会主义协商民主，同人民协商，协商为人民。第二，协商民主隐含和追求正义的价值，追求各方利益的均衡，社会公平正义贯穿于协商民主的过程和结果之中。基层治理通过多元主体沟通协商，多方平等对话、理性沟通，综合利益相关方的需求，追求最大共识，实现各方利益均衡。中国共产党的坚强领导，能够保证基层社会治理实现善治，同时能够保障人民当家作主的权利。

二、“两代表一委员”协商民主参与机制

调查区域芜湖市镜湖区为城市中心区，面积121平方千米，经2019年第三次行政区域调整，全区现有10个街道办事处，55个社区居委会，12个行政村，常住人口近50万。镜湖区针对中心城区社会矛盾多、流动人口多、管理困难的情况，积极探索基层社会治理创新。2010年7月始至

今，建立并不断完善“两代表一委员”（即党代表、人大代表、政协委员）参与社会治理机制。

（一）协商民主参与机制

1. 化解机构全线下沉

坚持矛盾纠纷就地化解，设立两级工作机构，街道设立“两代表一委员”工作室，社区设立工作站，明确“五个固定”，即固定工作平台、固定接待时间、固定公示方式、固定办理流程、固定问题解决机制，固定街道信访负责人为联系人，统筹安排代表委员接待群众，每周五上午为固定接待日。

2. 化解工作有始有终

公示“两代表一委员”调解信息，由区委统一在市级党报和区级政府网站上公开每次接待群众的代表委员姓名、职务、工作单位、接待时间、联系方式，并在接访的社区公示，同时细化工作制度，做好接访记录。区委定期听取街道情况汇报，并将“两代表一委员”化解矛盾情况纳入基层年度综合考核。区人大、区政协积极动员组织，将代表委员参与化解矛盾情况作为评先评优的重要参考，促使代表委员从“发言者”转变为“行动者”。

3. 意见问题有求必应

代表委员接访当日，街道相关负责人一同参加。对于群众提出的问题，能够当场处理的当场予以调处解决；不能当场处理的，事后调查核实予以调处。根据调解工作需要，区委成立区矛盾纠纷化解委员会，下设专项化解工作小组（类别包括：组织人事、企业、劳动争议、市场秩序、社会事业、房屋征收、城市建设管理、涉法涉诉），建立健全预防排查、调处化解、应急处置、依法处理、考核奖惩五项机制，着力做好源头预防和积案化解。

4. 各方力量协同配合

推进“两代表一委员”调解工作“四个延伸”，即向群团组织延伸、向新闻媒体延伸、向“三官一师”（即警官、法官、检察官和律师）延伸、向居民群众代表延伸。通过群团组织协同，进一步增强调处合力；通过新闻媒体加入，增强矛盾化解的社会公信力；通过法律专业人士释疑解惑，确保依法行政和群众依法保护自身合法权利的有效实现；通过与当事人没有直接利害关系、威信较高的居民群众代表参与，提高矛盾化解速度和质量。多方社会主体参与进来，不仅增强了各个社会阶层人民的话语权，体现了不同群体和阶层的利益诉求，同时又能充分发挥各方优势，为社会治理建言献策，形成社会治理合力。

（二）协商民主运行成效

1.广泛参与民主决策

“两代表一委员”作为无投票权的参与者出席各级各部门重要会议，扩大了代表和委员参政议政的渠道。在部分重大项目实施前，邀请代表委员参加项目实施社会稳定性风险评估，充分吸纳代表、委员意见，完善实施方案，提高项目实施的科学性和民主性。通过搭建参政议政平台，代表、委员可以更好地与群众沟通，解决因信息不对称而引起的误解，从源头上起到预防和减少社会矛盾的积极作用。

2.促进与群众联系

代表、委员参与具体工作，帮助解决矛盾和纠纷，除了接待来访群众，代表、委员也深入社区和家庭，记录调查了解实际情况，了解民生民情，收集民意，为民解忧。在党史学习教育活动开展的过程中，代表、委员走进千家万户，切实解决群众关心的问题。

3.整理议案提案

通过建立“两代表一委员”工作室，代表、委员可以与群众进行面对面的交流，了解社情民意，回应群众关切，提出一系列有针对性和可操作性的意见，形成了部分有价值的议案和提案，在代表、委员的监督下，一批群众反映强烈的教育卫生、市容环境等社会问题，得到有效解决。

4.充分发挥自身优势

代表、委员坚持人民利益至上，调动各方资源、发挥各自优势，协助党委政府解决群众急难愁盼问题。如代表、委员在新冠疫情防控期间，开展志愿服务，带动群众积极参与疫情防控工作，用实际行动践行责任担当，树立了“两代表一委员”的良好社会形象。

三、协商民主推动基层治理现代化的逻辑理路

社会主义协商民主是具有中国特色的社会主义民主政治形式，源自中华优秀传统文化，具有深厚的理论基础、制度基础、实践基础，能够适应基层治理的实际需要，推进基层治理现代化发展。

（一）理论逻辑

1.中国特色社会主义道路的内在要求

在中国共产党的领导下，我国以马克思主义民主理论为指导，紧密结合国情实际，走出了一条具有中国特色和独特优势的协商民主道路。在不同的历史时期，中国共产党都及时把握时代脉搏，将协商民主与实际需要相结合，形成具有中国特色、中国风格、中国气派的社会主义协商民主制度。今天，中国共产党领导和团结全国各族人民，把协商民主作为社会主义民主政治建设的重点，不断推进实现中华民族伟大复兴的中国梦。协商民主能使社会各界人士充分表达自己的愿望和要求，凝聚社会治理的最大共识，形成社会治理的最大合力。在基层治理中坚定不移走中国特色社会主义道路，就是要通过协商民主，听取社会各方面的意见和建议，吸纳社会公众特别是利益相关方参与协商，推进科学民主决策，最终形成最优的社会治理方案并付诸实施。

2.以人民为中心是协商民主的核心

从某种程度上说，各种形式的协商民主，为人民提供越来越丰富的政治参与方式，从而不断满足人民日益增长的美好生活需要。在发展协商民

主的过程中，特别是进入新时代以来，党始终倡导以人民为中心的价值取向，不断突出人民当家作主的地位。我国社会主义民主是维护人民根本利益的最广泛、最真实、最管用的民主，社会主义协商民主是人民民主的重要形式，在人民内部开展广泛协商是实现人民民主的必然要求。在开展基层治理过程中，要通过提高决策透明度和公众参与度，解决好人民最关心最直接最现实的利益问题，不断扩大公民有序政治参与，更好实现人民当家作主的权利。

（二）制度逻辑

1.刚性规则保障实施

中国共产党领导下的基层治理体系的发展和完善，是基层治理现代化的一个非常重要的方面。从基层治理的角度看，刚性规则包括我国的宪法、法律法规和政策文件等。为保障“两代表一委员”社会治理机制的实施，镜湖区也结合本区实际先后制定党代会常任制三项基本制度和五项配套制度，出台了《进一步加强人大、政协工作实施意见》《进一步发挥“两代表一委员”作用实施意见》等文件，用制度形式明确了“两代表一委员”可列席区重要会议，如区委常委会、区人大常委会、区政府常务会、区政协常委会和街道党工委会议；“两代表一委员”可参与区重要工作，如对区干部选拔推荐和测评，对部门、街道的工作考评，社会矛盾调处，走访、帮扶困难群众等。而且，明确区重大工作事项及时向“两代表一委员”通报。通过以上刚性制度保障“两代表一委员”社会治理机制的有效实施。

2.柔性规范凝聚共识

柔性规范是指在一定区域内人们在长期共同生活中形成的规范，是人们内心公序良俗、公众意识的反映，如区域内形成的乡规民约等，虽不具有强制力，但深刻影响着人们的行为方式。这些非正式的规范有成文和非成文两种形式，在基层社会治理中发挥着重要作用，在个人与个人利益、个人与组织利益、组织与组织利益之间发生冲突时，起着融合、妥协、合作等重要的调和作用，这些柔性规范也为协商民主的形成提供了重要的基础，为协商民主提供了重要的价值规则。尊重规则是协商民主的内在要求，在民主协商过程中，充分沟通、协商是基于非正式规则的要求的，这些规则在协商民主开展的过程中不断累积优化，成为人们认可和共同遵守的准则，会对公众产生无形的制约。在协商民主开展的过程中，要将非正式规则融入基层治理制度中，使其成为人们行动的指引。

（三）实践逻辑

1.社会资本夯实协商基础

社会资本是指个体或团体之间的关联——社会网络、互惠性规范和由此产生的信任，是人们在社会结构中所处的位置给他们带来的资源。协商民主所强调的信任、合作、互利的特点是平等参与、公正、包容，基层社会富含的社会资本特质给协商民主的开展带来了便利条件。信任是社会资本的核心要素，在社会生活中人们选择协商合作，前提是利益的需要，基础是相互的信任，因此利益的需要和信任的基础构成了协商合作的必要条件。社会资本加强了人们之间的交往与合作，把人们从缺少社会道德心或共同责任感的利己主义者和以自我为中心的算计者转变为利益共享、责任共担和有社会公益感的社会成员，为协商讨论解决重大公共问题提供了便利。社会资本为各主体之间的良性协商提供了一定的心理和文化基础，使公民、群体等主体具有为共同利益而行动的意愿。社会资本为协商民主和基层治理奠定了非常重要的社会基础。

2.公共资源保证协商成效

在充分保证代表委员依法依规履职的同时，切实推动“两代表一委员”参与社会治理。同时要求所有街道、社区（村）建立固定工作场所，为“两代表一委员”实行轮班制、接待群众、调解纠纷提供必要的便利，“两代表一委员”开展活动时，各有关单位应当充分保证人员和财产安全。不断扩大“两代表一委员”的参与范围。邀请“两代表一委员”参加区重大项目建设前进行的社会稳定风险评估及听证会，保障公众的知情权。

四、协商民主赋能基层治理的实现路径

协商民主与基层治理共通共融，发展社会主义协商民主，有利于推进基层治理现代化发展，打造共建共治共享的基层社会治理格局。

（一）激发参与动力，整合价值诉求

1.协商内容广泛，扩大参与范围

参与的内容是协商民主和基层治理需要考虑的问题，所有涉及重大利益的实际问题都要被纳入协商的内容，成为协商的主题，在利益相关方之间进行协商。镜湖区委及其相关部门和街道党工委在作出重要决策和制定重要文件时，如编制经济社会发展计划，论证重大项目方案，对涉及群众切身利益、社会广泛关注事项进行决策时，要听取“两代表一委员”的意见和建议。通过制度的形式确保涉及人民利益的问题被纳入协商和参与的范围，有利于累积基层社会资本，增强基层治理的凝聚力，提高其信任度。

2.权责分明，提升组织效能

通过明确的标准授予权力，匹配相应的责任，形成稳定的行为心理预期和行为准则。通过政策文件规定，为组织成员在特定目标及清晰权责配置下高效执行命令、有效开展行动提供保障。镜湖区委制定的《关于进一步发挥党代表、人大代表、政协委员作用的意见》等文件，内容涵盖组织形式、组织内容等方面，明确指出“两代表一委员”可以参与重大决策，有利于充分发挥“两代表一委员”的作用。每年邀请100名“两代表一委员”参加各街道、各部门的综合考核和干部考核，积极支持“两代表一员”履职。规范议案和建议的处理，加强成果转化，将“两代表一委员”的提案和建议努力转化为促进发展的实际政策和措施。

3.设置共治目标，激发内生动力

多主体参与是基层治理和协商民主最根本的要求，也是其普遍性的重

要体现。公民作为基层治理最重要的参与者，其参与的广度和深度直接影响基层治理的普遍性，“两代表一委员”作为公民代表，能够将公民的诉求转化为具有普遍性的合理化建议，要积极推广“两代表一委员”民情诉求机制，增强公民的参与热情和集体责任感，激发实践中有序政治参与的内生动力。

（二）提升共治能力，形成共治常态

1.加强治理能力培训

首先，专题学习党的理论和文献，学习习近平总书记最新讲话、最新论断，不断提升代表、委员的政治素养。《中共中央关于党的百年奋斗重大成就和历史经验的决议》指出：“党确立习近平同志党中央的核心、全党的核心地位，确立习近平新时代中国特色社会主义思想的指导地位，反映了全党全军全国各族人民共同心愿，对新时代党和国家事业发展、对推进中华民族伟大复兴历史进程具有决定性意义。”代表、委员通过不断学习能够更加深刻领会和把握“两个确立”，自觉做到“两个维护”。其次，引领代表、委员积极参与到基层活动中来，在基层实践中学习，在相互沟通交流中增强信任、合作和归属感。

2.安排具体工作任务

针对人民群众的具体需求和实际情况，促进不同主体资源优势转化、协同治理。“两代表一委员”是由党员和群众共同选举产生的，具有很高的声望，是党委、政府和人民群众之间的“连心桥”“传声筒”，也是矛盾问题处置的第一道关口。他们应发挥自身社会经验和工作经验优势，针对具体矛盾开展多样型调解，及时解决社会领域的一些矛盾纠纷。

3.加强协商民主成效测评

对协商民主进行评价和监督是促进协商民主健康发展的必要环节，应不断健全区域层面考核体系，形成较为全面、系统、具有广泛指导意义的评价和监督体系，在此基础上，还应根据实际情况制定具体、详细、操作性强的考核监督制度，加强对协商落实情况的跟踪反馈，根据协商反馈意

见及时开展二次协商，提高协商民主实效。

（三）完善协同制度，提升制度效能

1.统筹协商过程

应用文件制度使基层协商的内容、程序等固定并进一步完善，确保基层协商运转有序、充满活力。按照协商于民、协商为民的要求，完善日常参与程序，代表、委员引导群众有序参与，努力实现协商效果最大化。开展面对面沟通协商、线上互动协商，加强场内场外联动协商，扩大协商参与面，根据协商议事建议清单制定工作责任落实清单，并及时反馈和公示办理结果，通过协商结果展现基层治理成效。

2.创新协商形式

发挥主体权力、资源、知识、专业优势，达成共识，整合资源，不断实现善治。社会主义协商民主具有深厚的文化基础、理论基础、实践基础、制度基础，基层协商能够有序协调和有效化解发生在基层场域中的利益分歧和社会矛盾。《中共中央 国务院关于加强基层治理体系和治理能力现代化建设的意见》指出："完善基层民主协商制度，县级党委和政府围绕涉及群众切身利益的事项确定乡镇（街道）协商重点，由乡镇（街道）党（工）委主导开展议事协商，完善座谈会、听证会等协商方式，注重发挥人大代表、政协委员作用。""两代表一委员"通过在网络空间开展民主协商，丰富协商形式，发挥即时、便捷、开放、直接、廉价、平等的网络空间特质，拓宽协商渠道。

3.完善制度体系

制度的根本作用就在于维护秩序，保证组织内部协调、高效、低成本运转。完善的制度体系要在保证充足制度供给的基础上，保证制度能够真正落地，提升制度效能。首先，基层治理事务的繁杂性决定了基层的制度必须完善而规范、具体而细致，因此需要制定有针对性和可操作性的代表委员协商机制。其次，制度的制定必须体现区域特色，满足区域需求，考虑地方属性，要把基层治理的价值和目标融入其中，把以人民为中心的发

展思想贯穿始终。

结　语

党代表、人大代表、政协委员多方参与基层社会治理是社会治理的创新，是协商民主的有效载体和形式，通过对“两代表一委员”基层治理机制的考察，我们发现协商民主与基层治理具有内在价值统一性，“两代表一委员”基层治理机制激发了代表、委员参与基层治理的热情，为协调利益关系、化解社区矛盾提供了重要平台，这一机制将政治制度的优越性转化为强大的治理效能，能够有效促进区域的和谐稳定。

以社区治理为基础推进市域社会治理现代化发展

——基于芜湖市“三社联动”试点社区的案例分析

赵　挺[①]

摘　要：社区虽小，却关系着千家万户，是居民生活的共同体。因此，做好社区治理是推进市域社会治理现代化的基础。本文以芜湖市“三社联动”试点社区为例，梳理治理的现状、存在的问题、经验做法，进而探讨激活基层治理这一“神经末梢”的途径方法。社区治理需要从整体化、协同化方向发力，处理好上下级之间、部门之间、区域之间的关系，构建全周期的重大社会风险防范与应急体系及高品质、多样化的社会公共服务供给体系。就社区治理而言，需要转变治理理念，加大政府投入力度，培育社区“公民意识”，推动社区社会组织蓬勃发展和专业社会服务机构成长，通过营造社区共同体推动市域社会治理现代化、精细化发展，推进人民城市建设，最终达到共建共治共享的市域社会治理新格局。

关键词：社区治理；市域社会治理；社区社会组织；三社联动

一、社区治理与市域治理

（一）社区与社区治理理念

“社区”一词最早是由德国社会学家滕尼斯提出，他认为社区是聚集在一定地域中人群的生活共同体，这群人不仅仅由同质性人口组成，还遵

① 赵挺：复旦大学硕士研究生，中级社工师，现任芜湖市民政局社会组织管理局副局长。

循共同的价值理念和行为范式。社区不仅是个人生活的物理空间，还是个人接受社会文化，从自然人属性逐渐转向社会人属性的重要场所。社区治理指的是在一定地域范围内由政府、社区组织、居民共同管理社区公共事务、推动社区持续发展的活动，它体现为社区范围内不同主体依托各种资源而进行的相互作用模式，有社区教育、社区行动、社区服务、社区平安建设等多种形式。

党的十八大把社区治理写入党的纲领性文献，明确指出："在城乡社区治理、基层公共事务和公益事业中实行群众自我管理、自我服务、自我教育、自我监督，是人民依法直接行使民主权利的重要方式"[①]，明确要求"改进政府提供公共服务方式，加强基层社会管理和服务体系建设，增强城乡社区服务功能，充分发挥群众参与社会管理的基础作用"[②]。党的十九届四中全会通过的《中共中央关于坚持和完善中国特色社会主义制度推进国家治理体系和治理能力现代化若干重大问题的决定》指出，要"构建基层社会治理新格局"，"加快推进市域社会治理现代化"[③]。"健全充满活力的基层群众自治制度。健全基层党组织领导的基层群众自治机制，在城乡社区治理、基层公共事务和公益事业中广泛实行群众自我管理、自我服务、自我教育、自我监督。"[④]党的十九届五中全会通过的《中共中央关于制定国民经济和社会发展第十四个五年规划和二〇三五年远景目标的建议》提出："加强和创新市域社会治理，推进市域社会治理现代化。"[⑤]2020年，习近平总书记考察吉林时指出："一个国家治理体系和治理能力现代化水平很大程度上体现在基层。"由此，从中央到地方开启了社区治理实践的先行探索。

① 十八大以来重要文献选编：上[M].北京：中央文献出版社，2014：21.
② 十八大以来重要文献选编：上[M].北京：中央文献出版社，2014：30.
③ 十九大以来重要文献选编：中[M].北京：中央文献出版社，2021：288.
④ 十九大以来重要文献选编：中[M].北京：中央文献出版社，2021：277.
⑤ 十九大以来重要文献选编：中[M].北京：中央文献出版社，2021：812.

（二）相关背景

随着改革开放和社会主义市场经济发展，我国社会阶层不断分化，社会关系多样化、社会利益多元化，总体来说，呈现出两大转变。

第一，从“熟人社会”向“陌生人社会”转变。“熟人社会”是基于血缘关系和地缘关系所形成的，所有人都依赖同一片土地，安土重迁，县以下形成的治理格局是皇权与地方乡绅共治，其中自治居主导地位。自治靠的是道德伦理、村规民约、宗法祠堂，是“乡贤治社”。随着人口的广泛流动、个人身份的多元化，现代社会中传统伦理道德的约束力在变弱，城市新型小区，特别是商品房小区不是依靠血缘关系形成，“熟人社会”变成了“陌生人的社会”，人与人之间关系也呈现出淡漠化、自私化、趋利化特征。

第二，社区建设逐步由政府主导向政府推动与社区参与并存的方向转变。过去我国是“大政府，弱社会”格局，政府部门包揽过多，权责无边界，社会处于附属、被动位置。进入新时代，社会阶层利益不断调整，新型社会矛盾风险增强，市域成为社会矛盾和风险产生的重要积聚地。社会治理已不再是党委和政府的“独角戏”，而是在党的领导下，政府、社会组织、公民及各方良性互动，“强政府，大社会”治理格局已经成为大势所趋。

（三）社区治理是市域社会治理精细化发展的重要途径

纵观全国，前有新时代“枫桥经验”，通过发动和依靠群众参与自治，坚持德治、自治、法治“三治融合”，实施领导干部接访下访制度，就地化解矛盾纠纷；后有北京市朝阳区十余万名群众自发组成各种治安志愿者、党员巡逻队等，年度上报万余条有价值线索。横看发达地区明星社区：深圳北站社区、杭州七彩社区、上海古北社区、南京瑞金新村社区等，无一不是从基层治理开始，打造社区社会组织，成立类型多样的特殊人群服务、网格化服务、住宅小区综合治理、风险防范与应急等组织，激发居民参与自治的活力，调动社区主体积极性，从源头上减少社会矛盾的发生，满足居民需求。

综上所述，社区是社会治理的基本单元，也是党和政府联系、服务群众的“最后一公里”。做好社区治理，有利于社会的稳定与和谐，有利于增进人民群众的幸福感与提升其满意度。通过共同的行为规范强化个人自我道德约束力，可以减少居民失范行为发生；通过网格化管理，掌握群众情况，可以及时传导党委政府对特殊群体的关怀；通过动员群众力量，密切联系群众，可以让基层党组织在关键时刻能够“一呼百应”，充分调动资源以应对突发事件，从而达到市域治理精细化发展的目标。

二、芜湖市社区治理现状

（一）整体概况

近年来，芜湖市注重社区基层治理，在场地设置、人员支持、科技赋能、扶持培育社会组织发展、培育公民参与意识等方面进行了社区治理路径的探索。芜湖市民政局致力于打造市区两级社区社会组织孵化基地，为新成立社会组织提供3年期免费拎包入住服务，累计孵化社会组织超50家；持续开展7届社会组织公益创投活动，累计投入资金超1000万元，立项137个；实施社区组织培育发展三年行动计划（2021—2023年），支持社会组织参与社区治理；推动社会工作站建设。芜湖市委政法委打造了治理型社会组织基地，孵化培育了芜湖市禁毒类、打非类、多元矛盾调解类、心理服务类等社会组织十余家，专攻基层治理的“疑难杂症”。共青团芜湖市委员会组建了“鸠兹平安护航团”志愿服务队，打造了“雏鸟驿站”等品牌，深入开展未成年人社区矫正、青春期教育等工作。同时芜湖市涌现出一批参与社区治理的典型社会组织，如芜湖市蓝天救援队开展了关爱老年人黄手环行动，安全救急知识进社区、进学校等公益活动；芜湖零距离社会服务中心扎根社区，开展社区食堂助残活动和开设扶贫超市，服务范围覆盖居民10.7万人，以“便民服务零距离”，打造15分钟社区服务圈，受到群众欢迎和社会肯定，2021年被评为“全国先进社会组织”。

总体来看，芜湖市社区治理是多部门发力，以自上而下的模式开展，主要做法有以下几点。

一是赋能基层党建。健全社区中国共产党支部委员会和居民委员会（以下简称“两委”）班子成员，以社区“两委”换届为契机，进一步配齐社区工作人员队伍，注重工作人员向专职化、年轻化、高学历化方向发展；打造统一的社区党群活动中心，规范化开展党建“三会一课”，开展党史学习教育和为民服务办实事活动，以新时代文明实践站为依托，组建各类志愿服务组织；大力推进新时代基层党建“双联双应”工作，打造“党组织对群众有求必应，群众对党组织一呼百应”基层党建工作格局，增强基层党建的凝聚力、向心力、引导力，促进全市党建进一步提质升级。

二是赋能社区平台建设。新建小区要求保留一定的社区公共空间，社区建设资金及相关工作经费全部纳入财政预算，开展机关联系基层、干部联系群众“双联双应”工作，推动在职党员进社区报到等。新冠疫情期间，市主要领导更是主动下沉一线，为打赢疫情防控阻击战提供支撑。市委组织部依托“爱党建”平台，组建志愿服务队，构建机关单位党员志愿服务队与社区“双联系”制度，通过居民按需“点单”、在线“下单”，有关部门及时“接单”，打造全天候服务体系。

三是赋能社区体制改革。施行区直管社区改革，减少管理层级，推动管理向社区下沉，使各项服务更加贴近群众。镜湖区红梅社区成立全省首个社区党委，率先开展社区居委会直选试点，采用一站式窗口形式，推进社区服务效能化；开展“三社联动”（即社区、社会组织和社会工作者“三社联动”）、“三治融合”（即德治、自治、法治“三治融合”）相关试点；建设社会组织孵化培育中心，组建社区社会组织联合会，推进专业社工机构入驻社区，大力推动社工站建设全覆盖。芜湖市委、市发改委通过打造综合治理中心，扶持培育治理型社会组织发展，支持治理型社会组织参与矛盾纠纷调处、“扫黄打非”等活动。

四是赋能社区人才建设。出台相关文件对在社区工作的持证社工进行补贴，常态化开展相关培训和能力提升工作，不断提高社区工作者的职业待遇，不断提高社区“两委”班子成员薪资待遇和社会保障标准，拓宽其职业发展渠道。弋江区还成立了社区治理学院，定期组织社会组织领域人才参加培训，提高其治理素养。

（二）芜湖市“三社联动”试点社区具体建设情况

“三社联动”是指社区、社会组织、社会工作者联动联合开展社区服务，是以政府购买服务为牵引，社区为基础平台，社会组织为服务载体，社会工作为专业支撑，以满足居民需求为导向，把矛盾纠纷化解在基层，把多元供给在社区的一种新型社会治理模式和社会动员机制。该机制不是简单的要素相加，而是打破原有的服务提供模式，在党的引领下，实现政社互动，社区联动。

2018年，芜湖市弋江区中南街道被安徽省民政厅确定为全省第一批“三社联动”工程建设试点单位。市民政局以此为契机，出台《关于开展“三社联动”提升社区治理水平的实施意见》《关于“三治融合”乡村治理试点示范工作方案》，启动市级“三社联动”示范社区和“三治融合”乡村治理试点建设，对多个示范、试点社区（村）进行奖补，推动社区社会组织等社会力量参与基层社会治理，打造共建共治共享的社会治理格局。

目前“三社联动”项目已完成三批次试点，其中试点社区中评估结果为“优”的试点项目具有以下特点：一是社区对社会组织接纳程度高；二是入驻机构有多年实践经验，与社区工作者形成很好的链接关系；三是善于打造工作亮点。下面以四个不同的案例作具体的分析。

案例1：滨江社区作为芜湖市最早一批开展省级“三社联动”的试点社区，推行社区工作站“全科社工”服务模式，打通服务群众“最后一公里”：开展早教服务、健康义诊服务，满足居民需求，发掘出大量居民骨干，组建了老年学堂、艺术类社区组织，开展了楼栋自治项目……最终，其在项目终期评估中被评为“优”。2022年，社区整合辖区内资源，动员区内单位、组织和个人注入3.65万元设立社区基金，为后续社区社会组织发展提供长期成长空间。

案例2：四湾社区作为“三社联动”的试点社区，运用专业社工力量，连接社区居委会和社区社会组织，践行“12580”“三社联动”机制，聚焦社区发展和居民需求，开展助老、助残、退役军人和楼栋治理4类专业服务项目，培育了“金拐杖残疾人志愿服务队”“韶华退役军人俱乐部”“汇友棋牌协会”“悦享文化社团”和“金钥匙议事队”5支组织队伍。

案例3：镜湖区旭日天都社区打造了“全域党建·红动三社”项目品牌，以党建为引领，建立了“社区治理学院”“社会工作服务站”两个平台，培育了“旭日红”党员志愿队、“旭日银辉”爱心艺术团、“美丽家园”垃圾分类志愿服务队等十余个组织，开展微公益创投项目，极大激发了居民自治参与的热情。该社区成立的居民协商议事平台，与业委会、物业代表进行协商，改造了电动车车棚并安装了电动车充电桩，在楼栋电梯加装了监控装置，有效降低了小区一系列安全隐患。

案例4：中央城社区“三社联动”项目采取“社区+教育”的发展模式，综合社区共建单位需求，探索“社区教育共同体”发展路径，总结出“一化五联”社区建设模式，实现党建资源共享、资源优势互补。积极发挥共建共享“促帮带”作用，使共建单位党内组织生活规范化水平不断提高，进一步夯实非公企业党建基础。通过与共建单位签订共建协议、定期召开区域联席会“五心茶馆”议事会，制定项目清单，收集双向需求，达到组织联建的目的（见表1）。

表1　四个典型案例社区的创新内容

案例社区	创新点
滨江社区	打造“全科社工”模式
四湾社区	形成联合联动机制，聚焦社区发展和居民需求
旭日天都社区	以党建为引领，开展微公益创投项目，推动社区自治
中央城社区	横向链接辖区内资源，探索“社区教育共同体”

前三批次芜湖市“三社联动”试点取得良好效果，一是传播了社区治理理念，提升了居民的参与意识和意愿。社区公共活动种类增多，受到老年人的热烈欢迎，如邢家山社区、观岚社区等小区活动室天天有活动，周周不重样。为了保证所有的社会组织有活动场地，社区进行了排班，规定一个社会组织每周对社区公共活动空间都有2个小时使用时间。二是激发了社会组织参与社区建设的热情，诸多文艺类社会组织，如市通俗文艺研究会、市老干部书画协会、市京剧协会等与社区建立连接，服务社区居民。三是进一步树立了党委、政府关爱群众的正面形象。芜湖市民政局资助的芜湖市益群社会工作发展中心开展“Hi·baby”洪桥亲子园活动，免费为0—3岁婴幼儿提供早期教育、自然教育；资助的市孤独症协会、星望家长支援中心开展自闭症儿童服务；切实为特殊群体服务，在受益对象群体中树立了口碑，具体参见表2。

表2　“三社联动”相关利益方及优势

相关利益方	优势
基层社区	为基层减负，打造良好社区文化氛围，树立社区工作者正面形象，尤其在面对突发性事件时，可迅速集结各类资源，开展服务
社区居民	开展多样化的活动，能够满足社区居民需求，增强居民之间联系，激发居民潜力
专业社会服务机构	发挥专业能力，扩大机构影响力，申报更多项目
相关政府部门	降低社区治理成本，打造工作发展亮点，传递党委、政府对群众的温暖，推进人民城市建设

目前全国诸多地市在“三社联动”的基础上提出了“五社联动”的模式，把社区的慈善资源和志愿者、义工也纳入其中。如2020年6月，湖北省总结武汉市新冠疫情暴发期间各社区在承担超负荷任务情况下成功运转的经验，提出了“五社联动”模式，其他各地区也有“四社联动”或“社区+”的工作模式。从实践来看，试点社区居民参与热情逐渐增长，社区社会组织遍地开花。可见，“三社联动”模式是符合中国国情、政情、社

情的，可以以较小成本实现社会组织培育与民生保障的“双赢”。

（三）存在的问题与原因分析

目前芜湖市登记及备案的社区社会组织已经超过1000个，然而对应主城区（镜湖区、弋江区、鸠江区、三山经济开发区）超过120万人的人口规模，社区社会组织体量仍显偏小。就“三社联动”项目而言，其中存在政策支持不足，项目运作布局不合理，资源挖掘不够，宣传不到位，居民参与力度和广度不足，专业人员缺乏，社会工作门槛偏低、待遇偏低、社会认同度偏低、岗位流动性较强等问题，扩展到整个社区治理方面，主要有以下问题。

第一，治理资源分布不均衡。社区治理资源分布不平衡，主要表现为城市与农村发展不平衡，社区之间发展不平衡。部分城市社区公共活动空间空置现象严重，社区治理机制不健全，无承担具体服务的人员和机构。农村社区组织开展的相关活动，缺少年轻人的参与。总体来说，城市社区治理资源优于农村社区，试点社区治理效能优于非试点社区。

第二，社区引进专业社工机构成本较高。专业社工机构拥有持证社工人员，他们接受过相关培训，具有一定的事务经验，人均月工资在5000元左右（包括社会保障），机构一年要顺利支付2—3名社工的工资，则需要承接约3个政府购买服务项目。政府购买服务项目具有周期性，一个周期结束，相关社区组织需要重新申报，购买项目额度与能否申报成功具有不确定性，这些因素导致入驻社区的社会组织成本较高，具有不确定性。项目申报未成功的社会组织有人员流失及退出社区服务的风险，引进外来机构成本更高，且不具有持续性。

第三，社区获取资金途径单一，社会组织自身造血功能较弱。芜湖市各社会服务机构的发展仍然主要依靠政府购买服务。近年来，全市新成立的专业社工机构、慈善组织、相关社会服务组织每年增长20家以上，而受新冠疫情影响，政府的购买服务没有相应的大幅度增加，部分社会组织生存发展严重依赖政府购买服务，一旦项目资金断裂，则面临生存危机。

第四，社区社会组织处理复杂问题的能力有所欠缺。社区社会组织目前开展的工作仍然以公益服务类、文体活动类为主，面对比较复杂的社区矫正工作、禁毒工作等，仍缺乏经验，处理复杂问题的能力仍不足。

三、以社区治理为基础，推进市域社会治理现代化的实现路径

一是要严密党的基层组织体系，均衡基层资源供给。基层党组织应对突发事件的能力直接检验其领导是否有力，推进社区治理要进一步织密社区党的组织体系，按照“党委领导、政府负责、社会协同、公众参与、法治保障”的社会组织治理新格局要求，完善“街道党工委—社区党委—小区党支部—楼栋党小组”的组织架构，形成街道党工委统筹、社区党委管理、小区党支部落实、楼栋党小组兜底的运行机制，把党的政治建设、思想建设、组织建设、作风建设、纪律建设融入为基层人民群众服务的实际工作中，畅通党建引领社区治理的“最后一公里”。要全面摸清社区在职党员、流动党员等人数，切实落实在职党员到社区报到模式，探索“双重管理”方式，组织社区党员参与社区治理。结合社区网格化管理方式，让基层党组织、社区党员“进网”“亮身份”，探索党组织负责人与网格长“一肩挑”、党员与网格员“双培养”、党支部委员与业主委员会委员“多交叉”的工作方式，实现组织覆盖、工作覆盖更加有形有效，切实增强基层党组织政治功能和组织力凝聚力，并向薄弱环节倾斜，解决资源分布不平衡问题。

二是要完善社区精细化治理格局，推动治理重心下沉。社区治理涉及各个部门，要统筹整合资源，突出市域社会治理的主体。社区治理需要多元主体参与，但并不意味着每个主体都在治理中处于同等地位，而是各有侧重。市域社会治理现代化就是要确立市级层面的主导地位，发挥其在资源整合、集中安排规划、统筹协调方面的作用。要发挥“考核指挥棒”作用，合理为基层减压、减负。目前，社区（村居）工作人员行政化趋势越来越明显，社区工作人员工资福利由街道一级政府部门负责考核发放，按

照目前农村社区常住人口3000人以下配备4名在编村干部、社区配备6名在编社区干部的标准，相关工作人员在处理事务时，首先是以考核指标为依据，而非以居民需求和社区发展为依据。对此，在考核中要精准考核方式，明确职责岗位边界，让社区回归到全面服务居民的基本定位上去。

三是要提升社区精细化服务水平，建立社区参与机制。市域是政治、经济和社会生活的中心，社会进步、城市不断发展也将给社会治理带来新挑战。面对海量信息、资源禀赋与发展的不平衡、相关利益冲突，必须对治理内容进行系统集成和体系整合，坚持以人民为中心的发展思想，促进各要素下沉社区一线。第一，要做实做细“在职党员进社区报到”制度，有效形成“小事不出网格，大事不出社区”的自治格局；进一步壮大社会工作人才队伍，提高社会工作者的专业素质和服务能力；进一步加大政府购买服务的力度，创新政府购买服务的方式，以民政部办公厅印发《培育发展社区社会组织专项行动方案（2021—2023年）》为契机，开展“邻里守望、共创平安、文化铸魂”等一系列主题活动，推进社区社会组织发展，激活居民自治“一池春水”。第二，要建立社区参与机制。2018年芜湖市委市政府发布《关于改革社会组织管理制度促进社会组织健康有序发展的实施意见》等相关文件，明确采取政府购买服务、补贴活动经费等措施，加大对社区社会组织扶持力度。社会组织完全可以承担行政职能以外的社会事务及相关服务事项。

四是要推进社区智慧化建设，提升治理资源利用效率。芜湖市通过“雪亮工程”“慧眼+”监控探头图像分析等技术，有效提升了监管力度，减少了安全隐患。随着信息技术发展，其应用场景更加广泛，深刻影响着管理部门的工作方式和人们的生产生活方式，一方面，未来社区精细化管理务必要依托信息技术发展，相关部门要加大硬件投入力度，以“东数西算”为契机，重视将大数据、云计算、人工智能等前沿技术运用到社区治理中，提升数据信息采集的广度和深度，解决社区“人”“事”不匹配、资源供给不平衡等问题。同时要加大培训力度，提升社区工作者运用大数据等现代技术的能力水平，让社区智慧多一分，人们幸福感加十分。另一方面，要坚持以人民为中心的发展思想，相关部门要主动梳理治理盲点，研判治理需求，通过试点和试行，反复验证智慧技术的应用场景和范围，关注市民感受和效能反馈，既以人性温度提升城市生活质量，又以数据和信息技术力量促进城市发展。

结　语

社区治理是市域社会治理现代化的基础，也必然推动市域社会治理更为精细、精准。“三社联动”作为一种新的治理理念和已经付诸实践的治理方式，是推动社区治理的一种有效手段。市域治理是一项综合工程，要注重社区一线矛盾防范化解，注重矛盾源头处理，真正坚持以人民为中心的发展思想，切实推进人民城市建设。

近年来，芜湖市开展的“1%工作法”“畅聊早餐会”，切实倾听企业家声音；全力推进公办幼儿园建设、城市书房建设、老城区改造项目等；开通“12345”市民服务热线，形成全市统一的群众诉求受理平台，实现各类事项“一号通”；7×24小时政府服务地图，政务服务网推出全程网办事项；出台领导干部信访接访制度化文件，极大方便了群众办事，回应了民意。市域社会治理现代化程度是城市发展的软实力，芜湖市立足长三角一体化发展，务必抓住机遇，统筹本地区高校资源、企业资源、社会资源，从做实社区基层治理开始，打造本地区域治理现代化样本。

“智治”与“联动”：数字赋能市域社会治理现代化
——以芜湖市为例

高智林，张旭艳[①]

摘　要：城镇化水平的提高给社会治理带来了诸多挑战，比如治理规模的扩大、基层社会力量薄弱、城市人口集聚风险增加，这对市域社会治理的统筹协调、资源整合及风险防范等能力提出了更高的要求。市域社会治理是国家治理的重要环节，在互联网、大数据、人工智能和云计算等数字技术快速发展的新时代，以数字技术为治理工具赋能社会治理有利于助推实现市域社会治理现代化。本文结合芜湖市市情，剖析数字赋能市域社会治理的可行性和有效性，考察数字赋能市域社会治理的发展路径，为加快推进芜湖智慧城市建设和市域社会治理现代化提供重要的理论支撑和实践参考。

关键词：市域社会治理；数字赋能；多元主体协作；智治

一、引言

随着我国新型工业化、信息化和农业现代化的深入发展，新型城镇化步伐不断加快，人口、土地、资本等各类要素不断向城市聚集。据第七次全国人口普查数据显示，我国居住在城镇的人口超9亿人，占比63.89%。如此高的城镇化水平，更加凸显了市域社会治理在国家治理体系中承上启

① 高智林：管理学博士，安徽师范大学经济管理学院副教授、硕士生导师，研究方向为公司治理与社会治理、内部控制；张旭艳：安徽师范大学经济管理学院硕士研究生，研究方向为公司治理与社会治理。

下的枢纽作用。市域相较于县区和街道具有更加完善的社会治理体系，更具有整合资源和防范化解社会风险的能力。2018年6月，在延安干部学院新任地市级党委政法委书记培训示范班上，中央政法委秘书长陈一新首次提出“市域社会治理现代化”的概念，随后党的十九届四中全会、党的十九届五中全会进一步提出“加强和创新市域社会治理，推进市域社会治理现代化”。可见，推进我国市域社会治理现代化是党和国家的重大决策部署，也是各级地方政府需要承担的新使命。

市域社会治理的区域范围是以市为行政区划所确定的，包含主城区及其管辖的县区范围，具有鲜明的区域性、层次性、集聚性等特征，其治理的核心是聚焦民生、经济、安全等各个领域，突出市域统筹协调能力，把矛盾风险控制在市域、化解在市域。因而，市域社会治理是一项复杂且具有综合性、系统性、动态性的长期工程。要推动市域社会治理的健康发展，一是要统筹集成市域社会治理资源手段。发挥好市域特殊资源优势，既要加强探索研究整体制度体系设计，又要健全数据系统的集成，以便于政府及时掌握真实的社会治理需求，回应治理需求。二是要构建政府与社会良性的互动关系。既要充分发挥政府在社会治理中的主导作用，又要紧密联系群众，加强社会协同，动员社会群团组织、广大人民群众参与社会治理，充分发挥市域各主体的积极性、主动性、创造性，激发社会主体的活力，打造一个人人有责、人人尽责、人人享有的市域社会治理共同体。我们迫切需要借助互联网、大数据、人工智能、云计算等数字科技赋能市域社会治理，加强市域社会治理的统筹协调、社会多元主体共治，提高防范化解风险和科学精准决策的能力，推进市域社会治理现代化。

二、芜湖市市域社会治理现代化的发展机遇与现实挑战

2021年，芜湖市GDP增速为11.6%，位于长三角城市群首位，安徽省明确提出“十四五”时期支持芜湖建设省域副中心城市，将其打造成长三角具有重要影响力的现代化大城市。因此，芜湖市在推进市域社会治理现

代化的同时，还要清醒认识经济社会发展中的重大风险挑战，牢牢把握实现城市蝶变跃升、跨越发展的重大战略机遇，以改革创新和弯道超车的思路，着力构建共建共治共享的社会治理新格局。

（一）城市治理规模扩大为市级统筹协调带来的挑战

相较于基层社会治理，市域社会治理的范围更广，治理结构层级更多，治理规则更加复杂，也会涉及更多的职能部门。芜湖市十几年来行政区划不断调整，2011年，安徽省宣布撤销地级巢湖市，将和县的沈巷镇和无为县划归芜湖市管辖；2019年，无为撤县设市；2020年撤销繁昌县、芜湖县，设立为繁昌区、湾沚区，撤销三山区、弋江区，设立新的弋江区。这些行政区域的调整进一步优化了芜湖城市空间布局，加速推进了市域城乡一体化发展。但是，城市治理规模的扩大增加了组织内部水平、垂直两个方向上工作的复杂性和工作量，造成了市域社会治理中不同层级间的纵向统筹和不同部门间的横向协调的困难。

首先，在治理层级纵向统筹上，存在上下层级之间协调难的问题。在基层社会治理中，很多复杂的问题在本级机构无法解决，需要统筹不同层级的资源，然而当前市级统筹能力还有待加强。以上边千条线，下面一根针的街道为例，市级、县区级政府大量的行政管理事务都要下达到基层，街道的部门设置也要与上级政府职能一一对应，然而由于受一系列相关因素的限制，街道的一个部门往往对接上级政府的多个部门，一个部门承担了多项职责，包括养老、医疗、住房、环境、司法等方面，无形中加重了基层负担，而且基层也没有被赋予相应的权力来承接办理好这些事务，容易造成“管得到的管不了，管得了的管不到”尴尬局面。

其次，在不同部门横向协调上，存在职能部门之间职责划分不够明晰、衔接不够顺畅，主管部门单打独斗多、协同其他部门共建共治少，跨部门工作的协调缺乏有力的制度保障等问题。以社会矛盾中涉法涉诉案件为例，其办理可能会涉及信访、公安、检察、法院、司法等多个部门。在市域社会治理中，必须构建横向多元协作的整体性政府，建立多元主体协调联动的长效机制，才能高效快捷地解决群众问题。因此，结合当前社会治理体制机制改革的现实情况来说，加快推进市域社会治理现代化就是要增强市域统筹协调能力，形成层级部门高效联合，权责明晰、运转灵活的治理体系，整合各层级、各部门力量，形成社会治理合力。

（二）基层治理社会力量的薄弱与多元主体协作不强的挑战

社会治理的主体包括政府、居民、社会组织等，但是从实际情况来看，目前我国基层社会治理中，普遍面临基层治理社会力量薄弱，社会组织参与渠道有限、参与方式单一化，居民参与度低，居民之间及居民与其他治理主体之间缺乏有效沟通，难以达成共识与合作等问题，这已成为构建社会治理共同体的主要阻碍，不仅影响居民的生活满意度，还容易激发各种社会矛盾冲突。

传统的“社会管理”强调政府的绝对主导地位，这种方式方便政府对社会进行管理和控制，但社会公众的参与度较低。而社会治理现代化强调建立协作机制，更加注重多元主体参与，鼓励人们通过社区、群团组织、民间非营利组织等社会平台与政府直接“对话”，表达自身的利益诉求，为政府建言献策，主动参与公共事务的管理。近年来，社会组织从业人员的整体素质和文化水平正在不断提高，参与者的规模也在持续扩大，社会工作人才队伍也在不断壮大。公民通过社会组织参与市域社会治理，积极协助政府部门动员社会资源。例如，在新冠疫情期间，社会组织将募集到的抗疫物资用于支援抗击疫情工作，为市域社会治理提供了巨大帮助。

此外，有些城市社会组织发展水平较高，相关政府采取与这些社会组织进行项目合作的方式在财政上支持社会组织，通过经费调拨方式，从社会组织直接购买公共服务，这在一定程度上促进了社会组织的发展，提高了社会治理水平和社会主体参与度。社会领域存在诸多问题，政府无法事无巨细地提供所有问题的解决办法和具体措施，也无法独自承担社会发展所需的一切服务。为此需要集中精力调动社会组织的积极性，发挥其在社会治理中的重要作用。

（三）城市人口集聚与风险防范的挑战

据2020年第七次全国人口普查数据显示，长三角城市群平均城镇化率为75.01%，整体达到了高度城镇化的水平，高出全国平均水平11.12%，芜湖则以72.31%的城镇化率位居长三角城市群第10位。如此高的城镇化率反映出城乡正关系发生着重大变化。

由于城市流动人口多，人口规模大，给防范化解风险带来了一定的难度。从社会层面来看，快速的城市化进程将过多的基层组织卷入其中，使原来分散于社会中的矛盾风险不断向城市集中，使城市面临资源、生计、环境、文化、治安等多重风险，成为潜在的风险集聚中心。为有效预防风险升级失控，将重大矛盾风险发现在市域、解决在市域是至关重要的。因此，市域社会治理现代化的一个重要举措就是建立健全市域防范化解风险机制，巧妙利用数字赋能、大数据分析，提早发现市域范围内的治理问题，研判并提出解决方案，将风险化解在市域层级，防止外溢。

三、芜湖市数字赋能市域社会治理现代化新形态

以人工智能、大数据、云计算、区块链和新一代通信网络信息技术为代表的新技术革命的融合和发展，推动人类社会进入“工业4.0”的智能化时代。数字技术已经成为推动经济社会发展和政府治理现代化的强大动力。2021年，中国新型智慧城市建设峰会公布了“2021数字化转型百强城市名单”，其中芜湖市位居第38位。近年来，芜湖市大力发展数字经济，在安徽省内率先建立“城市大脑”赋能社会治理，全面提升市域公共服务能力，高效助推数字社会建设。

（一）数字赋能政府整体智治的生动实践

在互联网、人工智能、大数据快速发展的时代，各地政府也在积极探索市域社会治理数字化转型。市域社会治理数字化转型的关键是将社会治

理的各种要素数据化，以便对其进行再加工。在传统社会治理情境中，由于受到组织信息传递机制和时空的限制，政府只能依赖有限的信息或经验来识别社会问题和需求。在市域社会治理现代化场景中，如果沿用传统的治理模式，则会因为信息鸿沟难以迅速识别社会治理的需求和关键问题，影响决策的精准性、时效性、科学性。

芜湖市为适应城市创新开放式发展需要，主动对标学习沪苏浙，树立大数据战略发展思维，建立“城市大脑”。城市大脑就是基于城市生命体理念，以系统科学为指引，将散落在城市各个角落的数据，包括政务数据、企业数据、社会数据、互联网数据等汇聚起来，用云计算、大数据、人工智能等前沿技术构建的平台型人工智能中枢。通过对城市进行全域的即时分析、指挥、调动、管理，实现对城市的精准分析、整体研判、协同指挥，辅助管理城市。芜湖城市大脑以数字基础设施和数字赋能中枢为支撑，面向民生服务、城市治理、产业经济等领域高效构建创新应用，形成了一张脉络清晰的树状图，有利于城市发展形成更低碳绿色高效的模式，推动城市发展更加人性化和智慧化。

比如芜湖市已建立基层综合服务平台、智慧长江、智慧停车等试点应用场景，并积极推进“一网通管”改革，在全省率先建立智慧城市协同运行中心。针对智慧城市建设过程中的数据烟囱、信息孤岛、互不协同等问题，芜湖市整合政务服务呼叫中心、大数据中心、协同运行中心等七大中心及各类政务服务和公共服务应用程序，拓展智能治理应用范围，围绕医疗、教育、养老、就业等民生服务领域开展智能化应用建设，实现“互联网+公共服务”事项“一网通办、一次办好”，形成以数据为驱动的基层治理新模式，全面提升治理精细化、决策智能化水平，实现“一网感知态势、一网纵观全局、一网决策指挥、一网协同共治”。

政府整体智治的实现依赖于组织的整体性，包括上下层级之间的治理整合、职能部门内部协调整合、政府部门与外界社会力量的协作整合等。数字技术则是驱动组织整合的重要力量，芜湖“城市大脑”中所包括的几个重要模块中，大数据中心是核心，主要提供数据等资源支撑，通过信息系统互联互通、系统集成和资源整合，实现数据跨地域、跨层级、跨部门、跨系统全面汇聚、融合和被有效利用。例如，利用城市一卡通市民可享受图书借阅、交通出行、挂号体检等服务。

在市域社会治理情境中，群众的需求是复杂、多样、动态的，为破解群众诉求中的“难点”“痛点”问题，政府要基于城市大脑这一综合、集成、共享的运作体系，完善业务流程，以公众需求为导向，形成整体化、高效化的闭环管理机制。在平台前端，公众只需一部手机即可“一键报送”治理需求；在平台后端，业务流转以“事件”为起点，按照交办部门、限时办结、评价反馈、督查考核的顺序实行在线化闭环管理，让老百姓的每件事情都有着落。芜湖市在智慧交通、智慧教育、智慧医疗、平安城市、智慧城管等领域不断完善应用场景，让市民切身感受智慧城市带来的新变化。

目前，以“网格化”为基础的数字化社会管理、城市管理、市场监管体系已经建立；智慧教育领域上线“阳光云课”平台，正探索建设智慧学校、智慧课堂；智慧医疗领域初步建成电子健康档案资源库、电子病历资源库，并逐步完善和推广运用；智慧水务、智慧城管、智慧生态、智慧公安等项目有序推进。同时，整合各类政务服务和公共服务应用程序，推进电子证照、电子印章、电子云签和电子材料“四电”共享能力建设，实现政府一个平台“推服务”、群众一个平台“找政府”，不断提高城市治理效率。

（二）数字赋能多元化主体协同治理

市域社会治理现代化的一个重要特征就是激发多元主体参与社会治理的主动性，通过多元主体的协同治理实现公共利益最大化。其中，为多元主体提供参与社会治理的平台是实现共治的前提，而以城市大脑为核心的政务网站和各社会治理平台，能够为社会各主体参与治理提供渠道。公民可以打破时空的限制，跨地区、多领域实时反映诉求，推动多元共治格局的形成。实现多元主体的妥协对话和共同协商，激发各主体的积极性也尤为重要，为此要强化社会多元主体的参与作用。

一是健全群团组织助推体制。芜湖市不断强化党对群团组织的统一领导，坚持党建带群建，促进党政机关同群团组织功能有机衔接，支持和鼓励工会、共青团和妇联等群团组织主动承担维护群众、服务群众、团结群众的职能，广泛动员广大人民群众参与到社会治理中来。提升群团组织助推能力，依托党群服务中心设立便民服务平台，有效利用和整合基层现有的服务中心等平台阵地，借助党群平台或群团平台阵地优势，更好地引导群众参与社会治理。

二是建立健全“政社联动”机制。在芜湖市政府统筹领导下，各基层政府以社区为平台、以社会组织为驱动、以社会工作为手段、以其他社会力量为补充，发挥广大社区网格员在基层探查风险的敏锐性和便捷性，积极实现矛盾纠纷发现在早、化解在小。构建资源共享、优势互补、相互促进、有机联动的基层社会治理和服务机制。

三是构建社会协同合作机制。早在20世纪八九十年代，西方国家就开始实行市场化行政改革，引入第三方合作伙伴参与公共事务的管理。实践证明，这种市场化运作的方式能够与政府形成“互补”，有效提升社会治理水平。芜湖市政府近年来也在不断尝试通过购买服务、社会资本合作等形式，构建政府和社会组织的新型合作关系，使社会治理工作更加公开化、透明化，这提升了社会主体共建共治共享的参与度和获得感，有利于推动实现政府与社会的良性互动、有效沟通、优势互补与共赢。

（三）数字赋能政府风险决策

芜湖市建立大数据分析平台，将数字技术赋能社会治理，利用大数据分析、深入发掘一些潜在的、主观上难以察觉的个体特征和集体偏好，最大程度地将社会治理行为标准化、数字化，然后再基于设计的算法和模型，进行分析研判，快速实时地揭示社会治理在一些方面的真实需求及潜在风险。从大量繁杂的社会治理数据中，搜集、整理、分析与社会安全稳定相关的数据足迹，实现风险因素高效精准识别、多维风险智能定量评价和风险信息实时自动预警，强化决策的前瞻性，将风险隐患消灭在萌芽状态。

提高社会治理现代化决策能力的另一个重要方面是实现治理的精细化，其核心要素是科学性、准确性、针对性，而大数据、人工智能、云计算等数字技术恰好能提高这几个核心要素。芜湖市不断建立健全大数据辅助决策机制，利用各社会治理平台不断收集汇总社会治理各领域的信息，并将其数据化，分类储存，再通过大数据这个“显微镜”进行统计分析、实时监测、预警研判，实现决策从依靠经验向依靠大数据转变，提高决策的精准性。利用大数据分析，可以快速从海量的数据中精准获取所需要的信息，再结合社会现状，得出分析结论，及时化解社会矛盾、防范风险。

四、数字赋能社会治理的限制及建设思考

数字技术是一把“双刃剑”。数字技术的出现给社会治理带来了历史性的变革，提高了治理效率，使决策更加精准，但是如果这一治理工具无法得到正确运用，则会引发一系列问题。

（一）数据算法也有“偏见”

目前数字技术依然存在无法攻克的难题，人工智能在特定领域达到甚至略微超过人类的水平，但却缺少人类的情感与知觉。一方面，数字技术自身存在一些暂时无法消除的弊端，比如算法模型本身的逻辑错误，算法设计过于理想主义并没有考虑可能的意外和不确定因素等。社会治理应用场景的大量开发又导致数据越来越多，算法模型越来越复杂，数据收集时缺乏技术严谨性，存在误报瞒报等现象，导致算法输出可能具有不公平性。另一方面，在社会治理中，并非所有要素都可以被城市大脑感知收集分析协调，比如人情要素、信任危机和社会舆论等非理性客观的内容。这些并不能被数字化的要素，实际上深刻影响着社会发展的内生秩序。如果仅依靠大数据分析会出现误差从而影响上层决策，因此数字赋能社会治理只能辅助决策而不能完全替代人脑作出决策。

（二）数据信息的安全性

近些年，数字技术的出现也引发了相关的伦理问题，如网络诈骗、数据滥用、个人信息泄露等安全事件频发。由此可见，大数据作为一种具有巨大潜在价值的新资源，有极大可能被不法分子盗取利用贩卖，由此也会产生一系列的伦理问题，比如在数据的采集和使用中，会出现侵犯个人隐私权、知情权、使用权、所有权的现象。芜湖市在推进社会治理数字化转型时，也要重点思考数字化赋能带来的负面效应，用好数字技术“助推器”。

一是完善政府为主、数据为辅的社会治理模式。强化政府在社会治理决策中的主导作用及数据在社会治理中的辅助作用。压实市域社会治理职能部门责任，厘清职能部门间、行政层级间、行政区域间社会治理职责，避免职能重复交叉。采取线上线下相结合，理性与感性相交融的方式，在整合打通现有的社会治理平台的基础上，推进落实重点项目，避免造成资源的浪费。

二是完善数据治理立法体系。目前市域社会治理现代化存在数据共享开放、网格管理、信息安全防控等智能化冲突问题。对此，立法机关需进一步完善法律法规，以立法的形式明确信息主体的权利及数据信息的收集利用和处理的基本原则。执法机关在行使公权力过程中要加大对基层社会治理智能化建设过程中出现的滥用职权、违法扩权、泄露秘密、侵犯个人隐私等违法犯罪行为的打击力度，探究如何从法律制度层面根治此类伦理问题。

三是构建科学的社会治理评估监测体系。社会治理现代化需要转变政府职能，打造服务型政府，这离不开多元社会主体的共同参与，政府可以通过购买服务等方式适当引入第三方监测机构，建立社会治理绩效评估和监测机制，科学设置社会治理评估指标体系的内容和框架，有效衡量社会治理现代化的发展阶段，对整个绩效管理过程进行监测分析评估，引导数据安全服务社会治理，发现有效经验并形成示范效应。

结论与启示

当前，芜湖市正处于信息化和智慧化叠加的历史转型的特殊时期，全市上下正在努力推进智慧城市建设，以数字技术推进市域社会治理模式的创新已成为必然趋势。在此意义上，探究数字赋能市域社会治理的有效性及其实现体制机制十分重要。

实现社会治理现代化要依赖于完善的治理体系、有效的多元主体协作、多元化的社会力量等，数字技术则能对以上要素实现系统性赋能。但面对社会治理数字化转型中的治理挑战，单靠发展数字技术显然不行，需要政府及相关部门牢牢抓住发展机遇，不断创新体制机制，创设与之相适应的外部环境，需要从制度法律的层面约束社会行为。另外，市域社会治理现代化是一项长期的系统工程，要持续深入挖掘数字赋能与多元主体协作治理的规律，实现政府与社会治理的良性互动，充分激发数字技术提升市域社会治理的可行性和有效性，不断推动数字技术和市域社会治理深度融合发展。

论城市单位制社区信任机制的重构

——以W市A社区为例

周仁标[①]

摘　要：随着住宅商品化的普及和深入推进，越来越多的城市单位制社区居民的身份结构日趋复杂，传统单位制社区时期居民之间及居民与单位之间的高度信任关系逐渐被打破，给单位制社区的治理带来了诸多挑战。导致单位制社区信任机制缺失的原因有很多，主要包括社区人员构成复杂，单位管理理念和方式偏颇，社区居委会、业委会和物业公司等履职不力，居民维权意识增强，以及缺乏有效的沟通渠道等。为此，需要厘清单位及社区组织的角色定位，促进多元主体合作共治，构建社区信任文化，搭建多渠道互动沟通平台，从而促进城市单位制社区信任机制的重构。

关键词：城市单位制社区；信任关系；信任机制；信任文化

一、问题的提出

党的十八届三中全会通过的《中共中央关于全面深化改革若干重大问题的决定》指出："坚持综合治理，强化道德约束，规范社会行为，调节利益关系，协调社会关系，解决社会问题"[②]，并提出"建立健全社会征

① 周仁标：芜湖市社会治理研究院研究员，博士，教授，硕士生导师，研究方向为地方治理与公共政策。

② 十八大以来重要文献选编：上[M].北京：中央文献出版社，2014：539.

信体系，褒扬诚信，惩戒失信”[①]。党的十九大报告重申：“推进诚信建设和志愿服务制度化，强化社会责任意识、规则意识、奉献意识。”[②]可见，党中央高度重视社会诚信制度建设，希望通过强化对人们的道德约束，责任、规则和奉献意识来协调各种社会关系，实现对社会的综合治理。诚信，即诚实、守信，要求人们对他人真诚、实在，讲求信用，因此，信任是诚信的核心要义。“信任”一词是心理学的概念，它是人们建立在道德约束和责任意识基础上的一种可以相互信赖与托付的心理和社会现象。在社会中，人与人之间形成特定的信任关系和信任机制是保证该社会和谐有序、良性发展的前提。所谓信任机制，是指促使人与人之间形成一定信任关系的系统结构及其运行机理，它是一定社会环境下信任关系赖以形成的主体结构及各类主体之间相互联系的制度、程序和方式的总和。

社区是社会的基本单元，它是由聚居在一定区域内的个体、群体和社会组织基于共同的利益和行为规范而形成的社会生活共同体，社区因为较短的居住距离、方便的邻里交往条件、共同的利益诉求等而具备优越的基层动员的条件[③]，因此，社区治理是社会治理中最基层、最易见成效的部分。社区的有效治理离不开各种主客观条件的支持，如党组织的方向引领、基层政府的政策指导、社区组织的治理能力、社会组织的发育程度、居民的觉悟和参与程度等，其中居民的觉悟和参与程度是影响社区治理效果的关键因素，而居民的觉悟和参与程度又与居民之间及居民对政府、社区组织、社会组织的信任程度密切相关。社区内的信任关系是居民、社区组织、物业公司、业主委员会、社区社会组织以及社区所在单位之间建立在共同利益和行为规范基础上所形成的心理和人际关系，社区信任关系及在此基础上所形成的信任机制决定着社区治理的成效，也是实现社会善治的基础。

关于我国社区信任关系的状况，一些学者进行了探讨，如邢晓明认为

① 十八大以来重要文献选编：上[M].北京：中央文献出版社，2014：517.

② 十九大以来重要文献选编：上[M].北京：中央文献出版社，2019：30.

③ 赵文龙，李丽，刘莉，等.城市社区治理中的信任机制及特点研究：以某混合社区为例[J].宝鸡文理学院学报（社会科学版），2016（1）：36.

在平房街道社区时期，各户居民的房子靠得非常近，邻里之间相处较为融洽，关系很密切，彼此间的信任度也比较高；单位制社区时期，居民关系实际上是业缘关系和邻里关系的叠加，然而，由于这种邻里关系完全是被动的，且有工作关系在里面，所以居民之间的关系也显得很微妙，自由度相对较少，信任度也在一定程度上有所下降；商品房社区时期，邻居之间彼此可能互不相识，熟悉程度差决定了彼此的信任度非常低。还有学者认为，单位制社区的信任状况类似于传统中国乡土社会中的宗族信任；商品房社区成员构成复杂，流动性强，邻里之间的交往减少，原先建立在知根知底基础上的传统社区信任被打破。也就是说，单位制社区时期居民之间相互熟悉，彼此的信任程度比较高，而商品房社区时期居民之间可能互不熟悉，且交往较少，因此相互间的信任程度比较低。上述两种观点的区别在于，前者认为从社区发展的历程看，居民之间的信任程度呈现出平房街道社区时期高、单位制社区时期次之、商品房社区时期低的状况；后者则将单位制社区居民的信任状况等同于传统中国乡土社会，即居民间的信任程度比较高，而认为商品房社区成员之间的信任程度比较低。总之，二者都认为单位制社区居民的信任程度高于商品房社区。两位学者的研究虽是个案，但是基本反映了当前学界对于社区信任状况的认知。目前单位制社区信任关系的状况果真如学者们所分析的那样吗？带着这个疑问，笔者对W市A社区进行了考察和研究。

二、W市A社区信任关系的状况

德国社会学家卢曼（Luhmann）对信任的概念做了类型学的划分，他认为信任包括人格信任与制度信任，人格信任是指人与人之间的相互信任，制度信任是指人们对某个社会系统的信任。可见，卢曼所提出的人格信任是指作为行为者个体的每个人之间基于人格、品行等产生的相互信任，制度信任是指在一定的制度框架内个人或群体基于对制度的认同而形成的对相关组织及其成员的信任。马克斯·韦伯把信任分为特殊主义信任与普遍主义信任，特殊主义信任是凭借与行为者的特殊关系而认定行为对象身上的价值至上性，而普遍主义信任是独立于行为者与行为对象身份上的特殊关系，建立在契约或法律准则基础上的信任，他还认为，“在中国，一切信任，一切商业关系的基石明显地建立在亲戚关系或亲戚式的纯粹个人关系上面”①。这里，韦伯所描述的特殊主义信任类似于卢曼的人格信任，即它存在于值得信赖的、具有共同价值偏好的人们之间，不过，特殊主义信任还包括人们对相关组织的信任，而普遍主义信任则是建立在那些自觉遵守共同规范或准则的人们之间。笔者基于对上述信任概念的理解，采用实地观察的方法，对W市A社区信任关系的状况进行分析。

A社区是一个由某单位在其辖域内通过申请和购买商品房用地，并成立独立的房地产公司的方式集体筹资建设、拥有100%房屋产权的住宅小区，小区占地面积50000多平方米，总建筑面积150000平方米，总户数1400户，其中单位职工1150户，外来人员250户，是一个以单位职工为主体的小型城市社区。该小区于2012年底建成并投入使用，先后进入小区的物业公司分别是C物业有限公司和D物业有限公司，其中C物业公司经营的时间较长，自2013年1月至2017年12月，历时五年，而D物业公司仅仅经营了5个月（自2018年1月至2018年5月），便因为小区内近三分之二住户不缴纳物业费，致使物业管理无法正常运营而主动撤离。在此期间，小区内成立了以某单位在职或退休干部为主体的业主委员会，该组织也随着D物业公司的撤出及大部分居民的不信任而自行解散。A社区自建成投入使用至今，在社区管理上暴露出一系列问题，如近60%的住户不缴纳物业费；地面车辆乱停乱放；小区绿化参差不齐；房屋渗水、漏水、开裂等现象频发；地下车库建设质量差，且无人管理；外来车辆和人员可随意进出小区；偷盗现象时有发生；等等。这些问题很大程度上源于社区内各方主体之间的信任缺失，并由此导致社区管理上的恶性循环。

① 马克斯·韦伯.儒教与道教[M].王容芬，译.北京：商务印书馆，1999：289.

（一）居民对某单位不信任

2009年某单位经W市政府的批准成立了房地产开发公司，负责A小区住宅的规划和建设，其建设的初衷有两个：一是房屋建成后可以出售给本单位职工，同时在一定程度上缓解该单位在发展中出现的资金短缺问题；二是单位自主筹建，可以确保房屋质量。然而，在小区建设的过程中，因为单位财力不足，加之单位职工自筹的资金有限，为了在短期内筹集到住房建设所需的资金，单位便拿出一部分房源向单位以外的人员预售，这就使得小区的性质发生了变化，即由纯粹的单位制社区演变为以单位职工为主、单位外人员为辅的混合型社区。另外，该单位虽然成立了独立的房地产开发公司，但是它仅仅是在单位原有基建办公室的基础上组建起来的，真正懂得房地产开发的技术人员和设备有限，因此，在小区建设中，不得不通过招标的方式将各项建设承包给社会上有资质的企业，然而在招标的过程中出现了权力寻租行为，一些承包企业在建设中偷工减料、以次充好，以致房屋在投入使用后出现渗水、漏水、开裂等现象。小区建成后，A社区居民曾多次向该单位领导反映房屋质量问题，然而，该单位以小区管理市场化为由，将责任推卸给物业公司，从而导致A社区的居民对该单位及其管理者产生不信任。

（二）居民对业主委员会不信任

在C物业公司进驻A社区期间，社区的业主委员会成员主要有该单位直属部门、二级单位及退休的中层管理人员，凡是在涉及小区居民与该单位利益的事务上，他们大多站在维护该单位利益的立场上处理相关问题。此外，物业公司为了处理好与业主委员会的关系，专门向业主委员会成员发放一定数额的工作补贴，并免除业主委员会成员每年的物业费，久而久之，业主委员会与物业公司就成为利益共同体，业主委员会对物业公司的监督也就逐渐地流于形式。这样，业主委员会也就越来越失去社区居民的信任，这也是导致业主委员会后来自动解散的直接原因。

（三）居民与物业公司之间互不信任

C物业公司经营A社区管理长达五年，起始阶段物业管理还比较规范，社区治理井井有条，偷盗现象也较为少见，然而，随着小区房屋质量问题的不断出现，居民所反映的墙壁渗水、水管爆裂、地下车库脏乱差等问题长期得不到解决，居民从起初对该单位的不信任逐渐演变为对C物业公司的不信任，居民不交物业费的现象开始增多，而这种现象具有示范效应，最后形成近三分之二的住户不缴纳物业费的局面。C物业公司由于收不到物业管理正常运转所需要的费用，他们的服务态度、提供服务的数量和质量自然的较以前大打折扣，这样，C物业公司的经营效益也就每况愈下，直至出现巨额亏损，最终不得不把近三分之二不缴纳物业费的业主告上法庭，然而这一诉讼出现了一个戏剧性的结果：不交物业费的业主胜诉了。在讨回物业费无望的情况下，C物业公司被迫于2017年底正式撤出A社区。2018年初，D物业公司接手A社区物业管理，但是社区内的居民前期对物业公司的不信任并没有因为新的物业公司的入驻而发生改变，所以仍有近三分之二的小区住户不缴纳物业费，而且这个比例还有不断扩大的趋势，D物业公司为了避免重蹈覆辙，在经营了5个月之后便主动地撤出A社区。此后，A社区便陷入无人管理的局面，一段时间后还出现垃圾成堆、杂草丛生、电梯停运、偷盗严重等现象。

（四）居民之间互不信任

如前文所述，A社区的总户数为1400户，其中本单位职工1150户，外来人员250户，此外，由于小区内部管理不规范，一些低收入者（如工人、无业人员等）将他们购买的房屋隔成一个个小房间开办旅馆或从事其他商业性经营，而真正本单位职工的入住率仅为70%左右，因此，A社区的人员构成比较复杂，除了一些单位职工、亲戚、朋友及少数关系密切的邻里之间形成特殊信任关系之外，居民之间的信任程度普遍较低。自小区建成使用以后，小区内基本上未开展过促进居民交流互动的活动，仅有的几次活动也只是居民委员会代表的选举、少数节假日的庆祝晚会等，而且居民的参与率也不高，加之，小区内部管理不善，各种人员和车辆任意进出，偷盗现象时有发生，这更加剧了居民之间的相互猜疑和不信任。

三、A社区信任机制缺失的原因分析

造成A社区各方主体间互不信任及管理混乱的原因是多方面的，如社区居民结构较为复杂，单位管理理念和方式偏颇，居民的维权意识增强，居委会、业委会和物业公司履职不力等。

（一）社区人员结构复杂，是导致信任机制缺失的外部诱因

在传统的单位制社区时期，职工的住房都是由单位统一建设、分配和管理的。在同一个单位的住宅区内，住的几乎都是本单位的职工，由单位的保卫部门负责维护小区内的治安，后勤部门负责房屋及水电的提供和维修，居民之间都相互认识和熟悉，按照卢曼的说法，那时居民的人格信任与制度信任程度都比较高。单位职工之间相互信任，彼此有什么事情都可以相互托付；职工对单位领导和管理部门都高度信任，有什么困难都找单位解决。而改革开放以后，随着住宅商品化的推进，出现了各种不同的社区类型，如单位职工占绝对多数的单位制社区、一定数量的单位职工与社会人员混住的混合型社区、单位职工完全融入社会的商品房社区等。A社区就是一种典型的单位职工占绝对多数的单位制社区，单位住户占到全部住户的80%以上，不过，据不完全统计，实际入住的单位职工家庭及人口数量可能占到70%左右，也就是说，外来人员（包括住户及租户）约超过30%，社区内居民的人员结构较为复杂，人们之间的信任主要还是基于单位职工内部、亲戚或朋友及关系较好的邻里，即马克斯·韦伯所称谓的特殊主义信任，而全体居民之间的普遍主义信任未能有效地建立起来。社区内居民特殊主义信任程度高，普遍主义信任程度低，不利于社区内良好的信任关系及信任机制的建立，也有碍居民良好行为习惯的形成，对于社区

治理产生极为不利的影响。

（二）单位管理理念和方式偏颇，是导致信任机制缺失的直接原因

A社区是由某单位在成立房地产开发公司的基础上筹资兴建的，其初衷是为了实现单位和职工利益的“双赢”，即一方面单位从中获取自身发展所需要的资金，另一方面单位职工能够买到高质量和满意的住房。然而，事实是虽然单位在发展中资金不足的问题得到了部分缓解，但是房屋及小区建设的质量并没有令单位职工满意。如前文所述，该单位成立的房地产开发公司实际上并不具备充足的人力和技术条件，它主要还是通过社会招标的方式将小区建设的各个环节承包出去，而自己主要承担监督的职能，由于缺乏自律和有效的监督机制，在招标及项目施工的过程中存在着权力寻租行为，致使小区建设监管缺失，从而出现施工方偷工减料、以次充好等现象，导致后期房屋墙壁渗水、水管爆裂等质量问题。房屋建成并交付使用后，该单位便以市场化为由将房屋及小区的维修与管理完全交由物业公司负责。之后，小区内本单位的部分职工曾因为房屋的质量问题多次向单位领导及房地产开发公司反映情况并要求维修或赔偿，然而，该单位的管理者奉行的是单位利益至上的原则，要求职工的个人利益无条件地服从单位的集体利益。这种单位主义的管理理念和方式是导致A社区信任机制缺失的直接原因。正因为如此，小区内的居民对单位领导及房地产开发公司高度不信任，甚至有人提出将单位告上法庭的建议，这就导致了近三分之二的住户不缴纳物业费的现象，并形成一系列的恶性结果的循环。

（三）社区居委会、业主委员会和物业公司履职不力，是导致信任机制缺失的体制诱因

根据《中华人民共和国城市居民委员会组织法》的规定，居民委员会是居民自我管理、自我教育、自我服务的基层群众性自治组织，其任务是：宣传宪法、法律、法规和国家的政策，维护居民的合法权益，教育居民履行依法应尽的义务；办理本居住地区居民的公共事务和公益事业；调

解民间纠纷；协助维护社会治安；协助人民政府或者它的派出机关做好与居民利益有关的公共卫生、计划生育、优抚救济、青少年教育等项工作；向人民政府或者它的派出机关反映居民的意见、要求和提出建议。自2012年底小区建成并投入使用以来，A社区一直归L社区居民委员会管辖，从近些年居民委员会的运行情况看，其主要承担的是上述第五项任务，即协助基层人民政府或其派出机关做与居民利益有关的公共卫生、计划生育、优抚救济、青少年教育等工作，除了三年一度的居民委员会成员换届选举之外，很少组织居民开展具有自治性质的活动，居民的自我管理、自我教育和自我服务仍停留于法律文书或书面语言中，居民的意见和要求缺乏畅通的反映渠道，居民的合法权益得不到有效维护。业主委员会是由社区内的业主自发选举产生的代表所组成的民间组织，其职责是反映业主的意愿和要求，代表和维护业主的利益，并监督物业公司的运行。然而，A社区的业主委员会从产生到运行都缺乏民意基础，首先业主委员会成员的产生没有经过充分的酝酿，只是经过少数人的推荐后产生，在运行过程中存在工作不透明、暗箱操作等现象，没能有效地发挥反映居民诉求、监督物业公司运行、维护居民利益等功能，这导致了小区内物业管理随意性大、服务质量差等问题。物业公司是专门从事地上永久性建筑物、附属设备、各项设施及相关场地和周围环境的专业化管理，为业主提供良好的生活和工作环境，具有独立法人资格的经济实体。因此，物业公司的宗旨是为小区内的业主在设施、居住条件和生活环境等方面提供力所能及的公共服务，然而，A社区先后进驻的两家物业公司都不同程度地存在着服务态度不积极、提供公共服务的数量少且质量差等问题。综上，社区居委会、业主委员会和物业公司履职不力，使得社区内的居民得不到满意的公共服务，从而也就失去了居民的信任。

（四）居民维权意识的增强，是导致信任机制缺失的内在动因

搬进A社区居住的该单位职工中，年轻人占绝大多数，他们的民主、平等、权利和维权意识较强，不再像单位的老职工那样，宁愿牺牲个人利

益也要维护单位的集体利益，他们为了维护自身的合法利益，可以不惜与单位领导闹翻，甚至将单位告上法庭。在A社区的内部，一方面存在着单位普通职工与管理人员之分，这些管理人员基本上代表和维护着单位的集体利益，由于社区治理的效果不理想，因此广大的普通职工对单位的管理人员十分地不信任，这也是业主委员会自动解散的重要原因。另一方面还存在按期缴纳物业费的业主与不缴纳物业费的业主之分。缴纳物业费的业主认为，按照市场化的运行规则，物业公司提供了管理与服务，业主就应该缴纳物业费，不缴纳物业费的行为既违反了买卖公平的原则，也“侵占”了缴纳物业费业主的利益；而不缴纳物业费的业主则主张“物业公司不提供优质的服务，我就不交物业费”。正因为近三分之二的业主不缴纳物业费，使得物业公司缺乏正常运作的经费，结果导致两家物业公司相继撤出A社区。这样更加剧了这两类业主之间的互不信任。

此外，居民的意愿和要求缺乏畅通的反映渠道，他们的合法权益得不到切实维护，也是社区内居民之间、居民与单位之间、相关组织之间信任机制缺失的重要原因。

四、重构城市单位制社区信任机制的思考

城市单位制社区信任机制的缺失是各种外部和内部因素综合作用的结果。针对类似A社区信任机制缺失的情况，笔者认为可以从以下五个方面着手重构信任机制。

（一）厘清单位在治理中的角色定位，重建单位与职工之间的信任关系

众所周知，在传统的单位制社区里，社区内的各项公共物品和服务都由单位全权提供和管理，居民遇到自身无法解决的问题（如房屋漏水、墙壁开裂、水管爆裂、邻里纠纷等）都找单位帮助处理，因此，那时的单位与居民之间具有高度的信任关系，并通过相互之间的交流和各项事务的处理形成良好的信任机制。然而，随着住宅商品化的推进，单位制社区在逐

渐地向着商品房社区转变，越来越多的单位制社区里单位职工所占的比例逐渐下降，而外来人员所占的比例不断上升，传统的信任机制被打破，单位与单位制社区居民之间的信任关系也不再像原来那样可靠。A社区目前的信任状况从一定程度上说是由某单位将单位和住宅小区捆绑建设所致，若想要改善A社区内的信任关系，形成良好的信任机制，必须以重建单位与职工之间的信任关系为突破口。首先，应疏通该单位与A社区居民之间的沟通和互动渠道。该单位要想重新获得单位职工的信任及职工对单位发展的支持，仅凭“压”和“堵”的办法是行不通的，那样只会增加职工的逆反心理，对单位的事业发展也不利。为此，要畅通社区居民意见的反映渠道，单位管理人员要积极采取座谈会、午餐会、民主生活会等形式，听取本单位居民对小区住宅、地下停车场、公共场所和设施等质量问题的意见和建议。其次，积极为小区建设中存在的质量问题负责任。若这些问题是因为单位规划不合理、资金投入不足、监督不力等原因造成的，那么单位就应当承担相应的经济、道义乃至法律责任，并主动开展相应工程或项目的建设和维修。若这些问题是由相关承包单位偷工减料、以次充好等造成的，单位的相关部门应积极地与承包单位进行沟通和交涉，并督促其修缮和维护。只有当社区内的居民（主要是单位职工）与单位的信任关系得到改善，单位与职工之间的信任机制得以重新建立，社区信任机制的构建才会有可靠的心理和群众基础。

（二）社区居委会、业主委员会和物业公司应积极作为，努力构建社区制度信任

社区制度信任是指社区居民对所属的制度系统的信任，具体包括对居委会、业主委员会和物业公司的信任。如前所述，正是因为A社区居委会、业主委员会和物业公司的履职不力，与居民缺乏正常的沟通与互动，居民的意愿和要求得不到及时反映，合法权利得不到有效维护，社区居民自治变成“一纸空文”，因此居民对居委会、业主委员会和物业公司表现出高度的不信任，想要建立社区信任机制，居委会、业主委员会和物业公

司必须积极作为，努力构建社区制度信任。按照法律规定，居民委员会是城市基层民众进行自我管理、自我教育、自我服务的基层群众性自治组织，然而，随着社区化改革的推进，居民委员会管辖的范围逐渐扩大，面对此种情形，居民委员会应积极地承担起推动基层群众自治的职责。首先，搭建社情民意的反映和沟通平台，如社区微信群、QQ群、社区公众号、座谈会、民主生活会、听证会等，全面了解居民的意见和要求；其次，鼓励居民自发成立各种类型的自组织，并通过服务购买的方式促进自组织的成长和发展；再次，组织开展各种文娱活动，如节日晚会、歌咏比赛、广场舞比赛、乒乓球和羽毛球比赛、登山等，丰富居民的业余文化生活，增进居民与居委会成员的沟通交流，增加双方之间的信任。业主委员会是居民通过选举产生的自治组织，其职责是反映居民心声、维护居民利益、保护小区公共财产、监督物业公司运行等，其成员应该由作风正派、能力强、有责任心的人员担任，原则上业主委员会成员在任职期间不得领取任何报酬和福利，不过，经全体业主同意，部分业主委员会成员可以根据所从事工作的实际情况领取一定的误工补贴，并且这笔费用只能从业主自筹经费或社区广告等收入中支出。然而，A社区之前的业主委员会成员不仅能每月从物业公司领取一定的报酬，而且免交全年的物业费，这一做法已与他们的角色定位严重背离，从而难以切实地履行维护居民利益、监督物业公司运行的职责。鉴于此，业主委员会成员必须经过全体业主推选产生，并接受全体业主的监督，在任职期间应严格地按照业主委员会的章程办事，不仅不能从物业公司领取任何报酬，而且要带头缴纳物业费，积极地履行业主代表的职责。物业公司是专门从事物业管理的服务型经济实体，其职责是为全体业主提供良好的生活和工作环境。而A社区之前的两家物业公司在经营期间没能切实地履行物业管理的职责，正是由于它们的不尽职，才导致小区内交通秩序混乱、偷盗事件频发、卫生管理不善等问题，进而出现“居民不交物业费”与“物业公司不尽职”的恶性循环。要构建居民与物业公司之间的信任关系，物业公司必须切实履行物业管理的职责，并自觉接受房管部门、业主委员会和全体业主的监督，以优质的服务来赢得居民的尊重与信任。

（三）促进多元合作共治，形成社区统一的信任规范

伴随着治理理论的兴起和治理实践的发展，治理理念日益深入人心，并渗透到社区管理的实践中。所谓社区治理，就是政府、社区组织、居民及辖区单位、营利组织、非营利组织等基于市场原则、公共利益和社区认同，协调合作，有效供给社区公共物品，满足社区需求，优化社区秩序的过程与机制。A小区从建设伊始就明确了自身的功能定位，即它完全是一个住宅性质的小区，不附带任何商业功能，此外，由于缺乏普遍的信任机制，小区内居民的业余文化生活比较贫乏，未形成居民自发组建的如娱乐、健身及其他非营利性质的组织。作为社会的一个治理单元，社区内部的治理主体主要包括物业公司、业主委员会和居民，要构建社区内普遍的信任机制，实现社区的善治，必须要在促进多元合作共治的基础上，形成社区统一的信任或行为规范。首先，要完善社区治理结构，克服以往“各自为政”的局面，构建不同治理主体互动的机制。针对社区内不同的治理问题，搭建相应的交流平台，由相关的主体之间进行定期的交流和沟通，这样有助于化解误解、达成共识，增进人们相互之间的信任。其次，在明确各类主体责任的基础上，促进多元主体合作共治。如治理环境问题，其责任主体不仅仅只包括物业公司，也包括居民、租户等，只有各类主体切实地履行了保护环境的职责，社区内的环境问题才能得到彻底解决。最后，制定社区统一的信任规范，即社区内各类主体都必须遵循的道德和行为准则，并规定相应的奖惩措施，努力在社区居民中形成“守信者光荣，不守信者可耻”的风尚，使参与治理的各方都能自觉地按照社区统一的信任或行为规范行事，尽可能地降低人们在社区生活中的交易成本。

（四）加强思想教育和舆论宣传，努力构建社区信任文化

社区文化是维系社区居民情感的黏合剂，它可以将分散而独立的居民个体凝聚成为一个团结而有合力的整体。积极健康的社区文化，有助于增

强社区全体居民对社区的认同感与归属感，从而使他们更自觉地融入社区这个大家庭中工作和生活，同时也有利于形成乐善好施、互助互爱、互帮互学的和谐人际关系，增强居民之间普遍的社会信任。为此，首先，在社区内开展持久的思想教育和舆论宣传工作，通过宣传栏、社区广播、微信等形式宣传党和政府的政策及社区公约，教育居民遵纪守法、遵守社会公共道德、自觉地维护社区环境和公共秩序；其次，定期组织居民开展《中华人民共和国城市居民委员会组织法》、社会主义核心价值观和社区公约等的知识问答或竞赛，并不断扩大参加问答或竞赛居民的范围，对于成绩突出的居民张榜公布表彰并给予一定的奖励，激发广大居民自觉地学习党和政府的政策及社区自治公约，主动地践行社会主义核心价值观的积极性；再次，不定期地开展文明户、文明个人的推荐和评选活动，积极宣传社区中的好人好事，为居民树立学习的榜样，努力形成良好的社区风尚，促进居民之间形成普遍的人格信任；最后，充分利用社区现有的基础设施，如日间照料室、居民活动室、会议室等，积极开展各类丰富多彩的文化活动，如文艺演出、知识培训、专题讲座等。通过这些活动宣传社会主义核心价值观，培养居民的集体主义精神和尊老爱幼、诚信友善的优良品格，努力构建社区信任文化，使广大居民在这一文化氛围的熏陶下，不断增进彼此之间的人格信任。

（五）搭建多种沟通与互动平台，促进信任途径多样化

人与人之间的信任不是一朝一夕就能形成的，而是在相互联系和交往的过程中逐渐建立起来的。城市单位制社区的居民虽然大多数都是同一个单位的职工，但是随着社会分工的日益细化，单位内部部门和二级单位的设置也日益增多，联系较少的部门及其与二级单位的职工也变得日益生疏，加之近年来住房商品化日益普及，在单位制社区里有相当一部分外来的住户和租户，他们与该单位的职工更为生疏，并可能存在心理上的交往障碍，因此，只有通过搭建各种沟通与互动平台，才能增加居民之间的联系和交流，使他们逐渐从生疏到面熟，从面熟到认识，再从认识到彼此了

解和熟悉，最终建立起彼此信任的关系。首先，要搭建多种居民与居民委员会、业主委员会和物业公司等组织进行沟通和对话的平台，如举办节日茶话会、座谈会、意见反映会、听证会等，加强居民与相关组织之间的联系和沟通，这一方面可以联络感情，加深了解，消除相互之间的误会和隔阂；另一方面可以了解居民的意见和要求，帮助居民解决实际生活中的问题。其次，针对不同的人群建立相应的团体或组织，如成立歌咏队、广场舞队、旅游团队等，并经常性地组织相关活动，使参加者在团队的活动中体验到集体的温暖，从而自觉地融入组织及社区这个大家庭中，进而与其他居民建立深厚的感情和友谊，形成普遍而持久的信任关系。

结语与展望

由于住房商品化的普及和深入推进，当前越来越多的城市单位制社区已经不同于传统的单位制社区，其人员构成虽然仍以单位职工为主体，但是随着越来越多的外来住户、租户乃至商户涌入社区，社区的人员结构日益复杂，传统单位制社区时期居民之间、居民与单位之间的高度信任关系逐渐被打破，由此给社区治理带来许多问题和挑战。就A社区而言，在社区治理中涉及所在单位、居民委员会、业主委员会、物业公司、居民等多方主体，虽然该小区的住宅和物业管理都完全市场化了，但是，该小区的治安、交通、环境及相关设施的建设和维修等各个方面无不与所在单位有着千丝万缕的联系，因此，首先，该单位应积极地承担起相应的责任，投入必要的财力、人力和物力，解决小区在建设中遗留下来的问题，重新建立起职工与单位之间的信任关系，而这种信任关系是构建A社区人格信任与制度信任的基础；其次，作为社区治理重要主体的居民委员会、业主委员会和物业公司要积极地履行各自的职责，通过主动的作为来赢得广大居民的信任；再次，要构建多元主体合作共治的社区治理格局，并在社区治理中形成一致的行为规范，为社区信任机制的建立提供刚性的制度约束；复次，通过持续的舆论宣传和教育，努力构建社区信任文化，引导广大居民和谐相处、诚实守信和团结互助；最后，搭建社区不同主体间沟通与互动的平台，增加相互间的接触和交流，从而增进彼此之间的友谊，将居民原来只在特定群体中存在的特殊信任转化为面向全体居民的普遍信任。当然，社区信任机制的建立是一个复杂的系统工程，除了采取以上的措施之外，还应该发挥基层政府的指导作用、培育和发展社区社会组织、扩大居民参与和社区自治等。

在职党员嵌入城市基层治理

——基于A省W市在职党员进社区的个案分析

吴　灵[①]

摘　要：推动治理力量下沉是破解基层治理难题、推进国家治理现代化的一项重要课题。A省W市推行"在职党员到居住地社区报到"制度并进行了积极有益的实践探索。本文借助个案分析法对在职党员进社区的嵌入机制及其功能进行研究后发现，在职党员嵌入社区治理具有推动政策落地、提升基层治理水平、规范基层权力运行、补齐基层应急治理短板、促进信息传递扁平化和政策制定科学化等作用，能有效提升社区治理水平。但在职党员进社区服务居民的难点在于如何实现常态化，因此，需要运用价值引领、双重考核、联动治理、再组织化等方式构建在职党员进社区长效机制，以持续赋能社区治理。

关键词：在职党员；城市社区；嵌入机制；治理体系；治理能力

一、问题的提出

基层往往是矛盾和问题最突出的地方，从这个意义上讲，实现基层治理体系和治理能力现代化是推进国家治理体系和治理能力现代化的一项基础性工程。党的十九大报告提出，要加强社区治理体系建设，推动社会治理重心向基层下移。党的十九届四中全会也一以贯之地强调要推动社会治理和服务重心下移，把更多资源下沉到基层，更好提供精准化、精细化服

---

①吴灵：管理学硕士，中共芜湖市委党校（芜湖行政学院）讲师。

务。2021年4月，《中共中央 国务院关于加强基层治理体系和治理能力现代化建设的意见》明确提出，完善党建引领的社会参与制度，组织党员、干部下沉参与基层治理、有效服务群众。社区是服务居民的“哨所”，因此，推动社会治理力量下沉是破解社区治理难题，提升社区治理能力的重点所在。A省W市正在推行的“在职党员到居住地社区报到”制度是一项积极有益的实践探索。在职党员下沉社区最初是为弥补社区治理力量不足、减轻社区治理负担而临时采取的非常规举措。那么，在常规治理情境下，在职党员应该以怎样的方式有效地嵌入到社区治理中？如何推动在职党员从临时“应急式”介入转向“常态化”嵌入并形成长效机制持续赋能社区治理？这是亟待解决的问题。

二、文献回溯与评述

社区是社会治理系统的基础单元，是国家治理体系的微观细胞[①]。社会治理的重心只有下沉到城乡社区，社区管理和服务能力才会增强，社会治理的根基才能更加扎实。对于进一步推动社会治理力量下沉，赋能社区治理，学界开展了一系列研究。

一是从横向上看，有学者的研究侧重于解决在党建引领、政府主导的架构下，如何借助企业、社会组织等外部力量，通过异质主体横向协调联动形成基层社会治理共同体，合力破解基层社会治理难题，为辖区居民提供更加优质、更加公平的公共产品和服务的问题。当前，社区治理面临利益主体多样化、风险集聚化、社区异质化等多重挑战[②]，应对这些挑战仅靠单一主体难以取得预期效果，必然要求各种社会力量参与其中。治理主体的多元化既能够减轻基层党组织和政府的治理压力，又能发挥不同主体的独特优势，所以，新时代社区事务的管理者和公共服务提供者不再局限

① 曹海军.党建引领下的社区治理和服务创新[J].政治学研究，2018(1)：95.

② 吴晓林.党建引领与治理体系建设：十八大以来城乡社区治理的实践走向[J].上海行政学院学报，2020(3)：12.

于社区居委会，社会组织、企业、社区居民等利益相关方都可以作为治理主体参与其中。这种方式既顺应了我国社会治理主体多元化的时代潮流，也是我国民主政治发展成就在基层治理领域的体现。在多元主体参与社区治理过程中，关键要发挥党建引领作用。党组织是社区治理和服务的主心骨，在社区治理中发挥着“一核多元”与“一核多能”的核心作用和多重服务功能[①]。这些功能是其他任何组织都无法取代的，在推动形成共建共治共享的社会治理格局方面具有引领作用[②]。基层党组织可以充分发挥社会整合功能，通过利益整合、结构整合和价值整合达成稳固基层政权、提升社区可治理性和强化社区凝聚力等目标，以此实现党的领导和治理绩效之间双向促进的良性循环[③]。因此，当前城市基层治理的趋势和方向是在党建引领下打造“党政强、社会强”的均衡型城市基层治理结构[④]。打造基层治理“双强”的均衡型结构，需要在各级党组织领导下有序地向社会力量赋权增能，培育壮大社会力量，从而提高城市基层治理能力。二是从纵向上看，有学者的研究侧重于如何通过干部下派来改善基层治理现状，提升基层治理能力。有学者认为干部下派服务基层的核心目标是干部日常培养和专项任务攻坚克难，又据此将干部下派作了类型区分，划分为“锻炼式”下派和“帮扶式”下派两大类[⑤]。作为干部培养方式，“锻炼式”下派旨在通过增加基层实践经验来提升干部工作能力，是培养优秀中青年党政领导干部的重要手段。“帮扶式”下派体现了管理创新的内在机制，即所谓的“掺沙子”效应——通过改变组织的人员结构，注入不同于原有班子的新因素，达到改变组织性质、方向、力量对比的目的[⑥]。但作为社区

---

① 曹海军.党建引领下的社区治理和服务创新[J].政治学研究，2018(1)：97.

② 全林.党建引领城市基层治理的现实困境与优化路径[J].上海交通大学学报(哲学社会科学版)，2021(1)：117.

③ 王立峰，潘博.社会整合：新时代推进党建引领城市基层治理的有效路径[J].求实，2020(2)：26.

④ 全林.党建引领城市基层治理的现实困境与优化路径[J].上海交通大学学报(哲学社会科学版)，2021(1)：122.

⑤ 张乐，占志刚.从下派到下沉：干部服务基层长效机制研究[J].行政与法，2021(4)：31.

⑥ 张敬.破解下派干部管理制度困境[J].党政干部学刊，2018(3)：63.

治理力量中的一支新生“增量”——在职党员下沉社区与干部“帮扶式”下派有着显著的不同。

第一，下沉方式不同。干部“帮扶式”下派一般与其原岗位职责脱钩，他们将主要精力放在基层且担任特定的职务；“锻炼式”下派中，在职党员下沉社区主要是利用业余时间服务社区，即“工作在单位、活动在社区，奉献双岗位”。第二，任务来源不同。干部“帮扶式”下派到基层主要是承担组织赋予的特定任务，具有强制性和约束性等显著特征；“锻炼式”下派中，在职党员下沉社区的责任和义务主要是围绕基层治理的难题及居民需求，设置若干公益性岗位，由在职党员自主认领，具有自主性和协商性等典型特征。第三，服务期限不同。干部“帮扶式”下派到基层通常会清晰框定服务期限，是阶段性的；“锻炼式”下派中，在职党员下沉社区已从“应急式”介入逐渐转向“常态化”嵌入。

总体来看，现有研究较少关注在职党员这一社区治理力量中的新生“增量”。一些研究认为，在职党员下沉社区是应对突发事件、填补社区治理力量不足的权宜之计，并未将其纳入基层治理常态化力量范畴；还有一些研究停留于经验性总结和宏观的整体性描述层面，未关注在职党员嵌入基层治理的微观运作机制及其发挥的功能。

三、在职党员进社区是推动治理力量下沉，破解社区治理难题的有益补充

本文基于对W市在职党员进社区的实践考察，选取W市青锋社区为典型个案，通过结构式访谈、沉浸式参与等方法获取经验和材料，呈现并揭示在职党员参与社区治理的嵌入机制及其实践功能。在此基础上，进一步探讨在职党员进社区如何从“应急式”介入转向“常态化”嵌入，持续赋能城市社区治理。具体而言，将城市社区治理作为研究场域，视在职党员为城市社区治理体系中的新生“增量”，对两者的关联性及其内嵌的治理意蕴进行学理化初探，旨在打破社区治理主体研究的局限，聚焦在职党员

这一细分主体，以期为推进基层治理现代化提供新的研究视角。

（一）案例呈现：W市青锋社区在职党员“1610”青锋号

“在职党员到居住地社区报到”是以机关事业单位在职党员为主体，充分发挥在职党员的专长和优势，通过组织动员和主动报名的方式推动广大在职党员下沉社区，深度参与居住地社区治理、服务辖区居民的制度安排。W市青锋社区充分发挥驻区机关事业单位聚集和资源密集的优势，通过多种形式吸纳在职党员参与社区治理，以满足辖区内居民多样化需求为导向，搭建在职党员服务居民的多元化平台，促进机关事业单位党建和社区党建的相互联动，构建共同参与、共同关心、共同建设的开放型区域性社区大党建格局，为建设“人人有责、人人尽责、人人享有的社会治理共同体”提供坚强的组织保证。当前，该社区党员下沉已从“应急式”介入逐渐转向“常态化”嵌入，锻造了独具特色的在职党员党建品牌——“1610”青锋号。社区党委贯彻“为民服务亲切、社区治理精细”的工作理念，以在职党员“1610”青锋号为中心载体，上连党心，下接民心，整合“社区、在职党员、共建单位、社会组织”等多方资源，完善各项党群服务，着力构建一个“辖区党员冲前锋、多元主体共参与、社群联动融发展”的和谐安全社区。

（二）在职党员进社区的运行机制：“清单式”嵌入，形成管理闭环

2020年12月，W市以破解基层治理难题为切入点，着眼在职党员的比较优势，推动机关事业单位“在职党员到居住地社区报到”，服务社区居民。从W市在职党员嵌入社区治理的运作机制来看（见图1），居住地社区是链接居民需求和在职党员服务意愿的枢纽型平台。W市委组织部通过科层式动员，鼓励机关事业单位党员主动到居住地社区报到，亮明身份，结合专业特长、兴趣爱好，表明服务意向。社区建立在职党员信息库，梳理库内党员的服务意愿和专业特长，设立若干相应志愿服务岗，生成“服务清单”。社区通过问卷调查、入户走访、设立心愿箱等多种形式

征集居民的“微心愿”，问需于民，生成居民“需求清单”。社区集合服务和需求清单生成“任务清单”，通过在职党员微信群适时推送派发，在职党员认领任务并提供相应服务，实现需求与供给的精准匹配，由此形成闭环效应。此举在不打破现有组织架构和管理隶属关系的前提下，通过搭建组织平台、机制创新等方式吸纳多主体参与，形成社区治理联动机制，增强社区统筹协调能力，夯实社区治理力量。

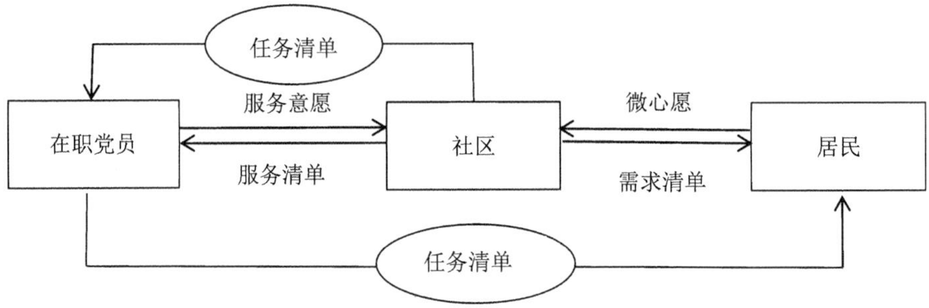

图1　W市在职党员嵌入社区治理的运作机制

（三）在职党员的角色和作用：赋能城市社区治理的新生“增量”

1.理论和政策法规的宣传员，释疑解惑助推政策落地

政策法规宣传是推动政策扩散和执行的关键环节。在职党员嵌入社区治理后能够发挥政策解读的媒介作用，帮助居民更好地理解与执行政策，在推动政策在基层落地、规避政策“悬浮”中发挥着重要作用。如在疫情防控中，有的居民对防疫政策、接种疫苗存在认识上的误区，对社区防疫和疫苗接种等存在不同程度的抵触情绪，针对此类问题，青锋社区及时邀请供职于医疗行业的在职党员到社区进行义务宣讲，普及科学防疫知识，答疑解惑，有效地推动了防疫政策在社区落地。

2.小微权力的监督员，监督下沉规范基层权力运行

行使公权力的目标指向是增进和维护公共利益，这是公权力使用的“应然”状态，体现了公权力的公共性。除此之外，公权力还具有工具性的一面，其体现为权力行使者可以借此获得某种利益。如果在权力行使过

程中缺乏监督，尤其是在个人利益与公众利益相矛盾时，公权力极易成为个人牟取私利的工具。如一些黑恶势力向基层政治领域渗透，操控、把持基层政权，利用公权力蚕食公共资源，利用公权力和暴力手段“与民争利”，这不仅会给基层政权安全和社会稳定带来危害，也会影响政府公信力。因此，在职党员嵌入社区治理，从某种意义上说也是监督力量的无形下沉，客观上发挥着对小微权力的“异体”监督之效，有助于规范基层权力运行。

3.应急处突的协防员，资源下沉、补齐基层应急治理短板

社区工作面广量大，有些还是急难险重任务，特别是在重大自然灾害、重要节点的公共秩序维护等应急管理工作中，社区力量仍显薄弱。新冠疫情暴发期间，社区处在外防输入、内防扩散的第一线，能否守住这道防线关系到整个疫情防控工作的成败。但社区的人、财、物资源尤其是人力资源十分有限，很难承担起如此艰巨繁重的任务。为此，青锋社区党委及时通过微信群招募在职党员成立社区防控志愿工作队，加强辖区巡防工作，极大地缓解了社区防控力量不足的压力。

4.社情民意的信息员，连接党心民心，促进信息传递扁平化和政策制定科学化

信息是决策的基础，科学决策离不开有效而充分的信息支撑。这就要求无论是政策制定过程中的需求分析，还是政策执行过程中的效果评价都需要深入居民当中，了解居民的所思所盼和切身感受。嵌入社区治理的在职党员大多数来自机关事业单位，有的还是地方政策的制定者和执行者。在职党员走进社区和居民，既有利于做好政策沟通，讲好讲清政策，推动政策执行，起到“下达”的显著作用，又能了解居民所思所盼，收集和反馈民意，及时出台、补充、修正、完善地方政策，让地方政策更加接地气，起到“上传”的作用。概而言之，在职党员进社区有助于矫正常规化信息机制导致的信息衰减和非对称现象，跨越信息传播的层级节制，促进信息传播扁平化，提升信息传播效率，推动政策制定科学化。

5.社区公共事务决策的“智力库”，凝心聚智提升基层决策水平

科学的决策离不开众人的智慧，党员下沉社区为社区治理搭建了一个开放的议事平台。在青锋社区，辖区内聚集了市直机关、党校和中小学等机关事业单位，在职党员普遍学历层次较高，视野开阔，实践经验丰富，这对社区而言是不可多得的智力资源。社区党委在辖区公共事务决策中积极利用这一优势“问政于民”，与在职党员一起协商议事，提升决策水平。如“1610”青锋号党建品牌的创立及其标识的设计就是在职党员集体智慧的结晶。在谈到青锋社区在职党员党建品牌创建时该社区副书记说：“社区党委希望打造一个叫得响的在职党员党建品牌，期间有位党员提出何不借助在职党员群体力量，集思广益。于是，社区党务工作人员就在微信群内公开征集大家的意见，之后又通过召开座谈会等形式选择最优方案，最终明确了党建品牌的名称及其内涵。‘1610’青锋号意为在职党员在8小时工作之余（剩下的16个小时）尽全力为社区居民提供服务，‘青锋吹号、党员报到’，解居民所忧，给居民一个10分满意的答复。为此，社区还专门设置在职党员服务热线5801610，谐音‘我帮你1610’。这些创意灵感均来自在职党员的智慧贡献。”

总体而言，在职党员进社区是一项让社区、居民和党员三方受益的制度安排。就社区而言，在职党员来自社会各界，具有分布广、层级多样等显著特点。其中，既有各级领导干部，也有广泛分布于条块体制中的普通工作人员，还有事业单位各类专业技术人员，不同岗位的党员可以凭借专业所长为社区提供多样化服务，满足居民多元化需求。政策、资源、人力、信息等通过在职党员这一纽带被嵌入社区治理场域，这些资源对于社区而言是宝贵的，有助于增强社区治理力量，提高社区自治能力。对于居民而言，这些在职党员发挥了扶危济困的作用，提高了居民的获得感和幸福感。从党员自身来看，服务居民的过程也是融入基层锻造能力的过程，有助于强化党员的责任感、使命感，提升其为民服务的能力和水平。同时，在职党员群体在共同参与社区治理过程中形成的激励机制有利于促进横向学习与进步。

四、在职党员进社区：从“应急式”介入到“常态化”嵌入机制之构建

（一）价值引领：凝聚价值共识，增强在职党员服务社区的内生动力

“在职党员到居住地社区报到”为社区治理增添了新鲜血液，但催生和激活这一力量的仍然是政府科层体系的政治动员。下沉党员本身也是所在社区的居民，为什么有的社区难以将其整合到社区治理体系中？为什么在党员下沉社区过程中仍然不同程度地存在“沉而不为”的形式主义问题？通过相关专题调研，笔者发现，这与部分党员缺乏服务意识有关。如有的党员宗旨意识不强，认为自身岗位工作已经自顾不暇，还要牺牲业余时间去服务社区，属于额外增加工作负担，所以出现了“报到不出工”“出工不出力”等疲于应付的现象。有的党员认为自身能力和资源有限，出不了多少力，因而处于观望和“点赞”的状态。推行“在职党员到居住地社区报到”旨在动员广大党员走到社区居民中，了解民情民愿，切实帮助辖区居民解决所思所盼。但在实践中，有的社区还只停留于热热闹闹造势层面。价值共识难以凝聚，个体行为自然难以步调一致。

行为是价值观念的映射。个体行为目标的确立和行为方式的选择受制于多重因素，但价值观是众多影响因素中最重要的因素。所以，现代社会无论是政府等公共组织还是企业等私营部门都十分重视成员价值观的塑造和培养，注重运用价值观的凝聚和导向作用来激励和约束组织成员的行为。因此，强化党员的服务意识并将这种意识运用到基层治理工作中，就要建设基层服务型党组织，把维护和增进居民的利益作为基层工作的首要目标。具体而言，党员下沉社区的决策和行为逻辑在于必须把人民的利益置于首位，最重要的是带着为民解忧的情怀下沉，唯有如此才能形成“俯下身子”把好事办好、干在实处的内在动力。

（二）双重考核：赋权于社区党委，增强社区的组织动员力

当前，关于在职党员进社区服务辖区居民仍尚未建立相应的监督约束和评价激励机制。对在职党员进社区的报到率和加入微信群这一显性指标虽有明确要求，但对在职党员服务社区的频次及发挥作用情况并未作刚性规定。在对这类在职党员群体是否应该进行考核这一问题上也存在争议且未达成制度共识。如有的党员认为日常岗位工作接受单位考核，服务社区居民的志愿活动也接受社区考核，多头考核容易催生管理冲突，加重考核压力；也有的党员对社区考核的公信力存在担忧。

现阶段，在职党员参与社区治理主要靠政治自觉、个人觉悟和社区干部动员，监督考核机制缺位导致在职党员不同程度地存在“报到不出工”、参与意愿低等问题。实践中，社区组织动员缺少抓手，社区党委统筹协调能力受限。为激发在职党员参与社区治理的热情，推动此项工作持续深入开展，应构建科学合理的评价激励机制，而机制构建重在“三化”。一是赋权于社区，“硬化”社区评价。把社区党委的考核评价纳入党员党内评先评优的参考指标之中，以增强社区组织力。二是分类考核，上级党组织对在职党员考核应实行“差异化区隔”。突出党员领导干部这个“关键少数”的“头雁”作用，将考核评价结果与其岗位考核、职务晋升挂钩；对一般党员服务社区以柔性管理为主，注重激励，不与岗位考核挂钩。三是注重运用技术手段，“优化”民意反馈与评价渠道。搭建简单易操作的网络平台，减少社区在评价考核上的人力投入，考核评价的主要依据应为居民的满意度。逐渐形成“工作在单位、活动在社区、奉献双岗位”的管理机制。

（三）联动治理：“三端”协同，形成“社区吹哨、党员报到”的联动响应机制

社会治理过程不是管制，而是公共部门和私人部门的互相协作、相互依赖和持续互动。因此，政府应适应时代发展要求，改变传统的管治型治

理模式，建立以共建为特征、协同为内核的互动式治理模式。在职党员嵌入社区治理，不仅需要在“供给端”发力，还需要做好“需求端”管理。“供给端”主要是厘清在职党员的“服务边界”，明确在职党员在社区治理中的角色定位，防止出现职责任务“转嫁”现象，把本属于社区工作人员承担的职责转移给在职党员，加重在职党员额外的工作负担。“需求端”管理指的是要厘清居民“需求边界”，应对居民哪些需求应该由社区提供，哪些不应该由社区提供加以清晰化界定，拒绝模糊地带。如果事无巨细、大包大揽，就会降低社区的权威和公信力。社区作为联通在职党员和居民的“平台端”，要把辖区居民的需求与在职党员的服务供给能力精准对接，及时回应居民的合理诉求，切实提升服务效果，以此激发在职党员、居民、社区三方的积极性，形成“社区吹哨、党员报到”的联动响应机制。

（四）再组织化：建构志愿服务组织体系，“结构化嵌入”增强党员自组织能力

再组织化是指社会中的个体或群体基于新的目标而组织起来，产生一些新的组织化形式①。在职党员分布的广泛性和层级的多样化往往会给社区带来管理上的难题，对此，应以小区为单元，将在职党员划分到所居住的小区，成立临时党支部，在此基础上依据在职党员兴趣爱好和服务意向相应成立党小组，推动资源、力量在网格整合，及时了解网格内居民需求，实现志愿服务精准化。通过这样一种党组织关系的科层塑造，在职党员以一种结构化形式嵌入社区治理中并确立更为正式和权威的志愿服务工作体系，这样既能够增强在职党员的自组织能力，也能够相应地减轻社区管理负荷，促进党员管理规范化。

① 胡重明.再组织化与中国社会管理创新：以浙江舟山“网格化管理、组团式服务”为例[J].公共管理学报，2013(1)：63.

结　语

本文围绕在职党员如何嵌入城市基层治理这一核心议题，通过个案分析，阐释了在职党员嵌入社区治理的运行机制、实践成效及其在基层治理层面的独特价值。W市在职党员进社区实践的创新之处在于：其一，打破了政府、市场、社会组织、个人等不同主体多元横向协同提升基层治理能力的固有视野，聚焦在职党员这一细分主体。笔者认为，在职党员下沉社区，有效整合了分散在条块部门的在职党员力量，显著增强了社区的资源整合和配置能力以及统筹协调能力，为提升社区治理能力和治理水平增添了一个有力支点。其二，与各地相关实践不同，W市将在职党员报到地锁定在居住地社区，这在一定程度上有助于化解因驻区机关事业单位分布不均衡带来的社区在职党员分配不均衡的难题。因为如果按照工作地划分容易出现人员“扎堆”现象，如有的社区辖区内驻区机关事业单位较多，在职党员集聚；有的社区驻区机关事业单位较少，此类活动难以开展。相比较而言，在职党员的居住地往往相对分散，按居住地划分在一定程度上有助于化解此类矛盾。此外，因为在职党员本身也是居住地社区的居民，所以，服务社区、改善社区治理的过程也是自我服务的过程，这种进驻方式在客观上有助于增强个体服务社区的主动性和自觉性。

总之，新时代全面提升基层治理能力就是要着眼于国家治理现代化的战略目标，坚持问题导向，直面社区治理难题和辖区居民的“操心事、烦心事、揪心事”，秉持整体性治理理念，形成横向联动与纵向一体的整体合力，建构科学合理的基层治理体系。在职党员嵌入社区治理，既是新形势下完善社区治理体系、推进治理力量下沉、发挥党员先锋模范作用的重要途径，又是建设基层服务型党组织的重要载体，要在使其常态化上下功夫，达到持续赋能基层治理的效果。

女性社区矫正对象回归社会的困境与出路

——以W市Y区社会支持系统的构建为例

张磊，马寅骉，王超[①]

摘　要：通过对W市Y区女性社区矫正对象[②]基本状况和社会支持状况的考察，笔者发现女性社区矫正对象存在以自我认同危机为主的多重困境，影响其回归社会，对此，须不断加强关于女性社区矫正对象的正式支持系统建设，不断引导非正式支持系统建设。社会支持是动态互助与资源配置的过程，具有心理重建和行动重建双重功能。在女性社区矫正对象回归社会的过程中，应当以正式社会支持为主导，辅之以非正式社会支持，创造以权利保障为主的社会文化氛围；构建以情感支持为主的心理帮扶体系；完善以就业支持为主的社会保障制度；健全以教育帮扶为主的社会参与体系，让女性社区矫正对象在全面的社会化关怀中复归社会。

关键词：女性社区矫正对象；回归社会；再社会化；社会支持

女性社区矫正对象由于性别特质、心理因素、婚姻家庭关系等复杂原因，在回归社会的过程中会比同类型男性遭遇更多的困难。因此，笔者以相关理论为依据，分析女性社区矫正对象再社会化过程中的困境，以W市Y区社会支持系统的建设为例，以期探寻女性社区矫正对象回归社会的有效路径。

---

① 张磊：安徽师范大学法学院教师，社区矫正志愿者；马寅骉：芜湖市弋江区司法局矫正中心主任；王超：芜湖市司法局社区矫正管理局政委。

② 鉴于《中华人民共和国社区矫正法》倡导社区矫正工作采取分类管理、个性化矫正，课题组仅对该区现有的51名成年女性社区矫正对象进行统计分析，其中49名缓刑人员，1名暂予监外执行人员，1名假释人员。

一、W市Y区女性社区矫正对象基本状况及社会支持现状考察

课题组采用调查统计、深度访谈及非参与式观察等方法，对W市Y区女性社区矫正对象的基本状况和社会支持状况进行调查统计，分析其回归社会的障碍因素。

（一）W市Y区女性社区矫正对象的基本状况

第一，从年龄上看，W市Y区女性社区矫正对象以21—40岁女性为主，51岁以上女性犯罪率呈上升趋势。

根据对W市Y区女性社区矫正对象犯罪年龄情况的统计，发现该区女性社区矫正对象年龄集中在21—40岁，该年龄段人员约占该区女性社区矫正对象总数的60.8%，51岁以后为女性犯罪的又一高发阶段，约占该区女性社区矫正对象总数的25.5%。由于中青年女性具有多重身份角色，所处家庭及社会关系更加复杂，各种关系是否顺畅将成为影响其回归社会的重要因素。从调查来看，这些成年女性社区矫正对象心理压力普遍较大，充满悔恨、自责，担心他人知道自己曾犯罪的事实，如果不加以有效引导和支持，极易引发心理障碍，使其重返社会变得更加艰难。

第二，从受教育程度上看，W市Y区女性社区矫正对象的学历程度偏低，但高学历犯罪呈增长态势。

根据对W市Y区女性社区矫正对象受教育程度的统计，我们发现在该区女性社区矫正对象中，高中以下学历者占调查对象总数的70.6%，大专以上学历者约占调查对象总数的29.4%，究其犯罪原因，由于追求高收入工作，求职误入歧途而触犯诈骗罪的情况较多。调查发现，无论是低学历者或是高学历者普遍存在法律知识匮乏、法律意识淡薄、贪利性及侥幸心理等，若想促使其顺利回归社会，须帮助其树立终身学习理念，加强法治道德教育及进行正确价值观和人生观的引导。

第三，从婚姻家庭状况上看，W市Y区已婚、有子女的女性社区矫正

对象居多。

根据对W市Y区女性社区矫正对象婚姻及有无子女状况的统计，发现该区53%的女性社区矫正对象已婚，74.5%的女性社区矫正对象有子女，未婚女性仅占该区女性社区矫正对象总数的17.6%，无子女的占调查对象总数的25.5%。由于这些女性的交往空间相对比较狭窄，尤其是已婚女性，社会交往以家庭为轴心[①]，因此，能否获得家庭成员尤其是丈夫的情感支持对这些女性回归社会的心理重建至关重要。另外，有子女的矫正对象出于对孩子的保护和自我形象的维护，通常不将其犯罪身份透露给子女，故相关部门应高度重视其心理建设，否则不仅会妨碍矫正对象自身回归社会，还会给其子女带来不利影响。

第四，从犯罪类型上看，根据对W市Y区女性社区矫正对象犯罪类型的统计，笔者发现该区女性犯罪以非暴力犯罪为主，犯罪类型多元化，首先最多的是侵犯财产类犯罪，犯诈骗罪的女性社区矫正对象数占该区女性社区矫正对象犯罪总数的40%，值得注意的是，当前的诈骗罪不同于传统型面对面诈骗，而是以新型网络诈骗为主。其次是妨害社会管理秩序罪，其中犯开设赌场罪的女性社区矫正对象数占调查总人数的10.9%；与卖淫有关的犯罪，包括犯组织卖淫罪、协助组织卖淫罪、容留卖淫罪等的人数共占调查人数总数的9.2%。总体而言，追逐经济利益的平和型犯罪是该区女性社区矫正对象所犯罪的主要类型。针对女性犯罪的贪利型特点，进行正确价值观的引导尤为必要。

第五，从就业状况上看，W市Y区女性社区矫正对象的就业率比较低，就业意愿呈两极化状态。

根据对W市Y区女性社区矫正对象就业状况的统计，笔者发现该区女性社区矫正对象中就业人员占调查总人数的41.2%，无业人员占调查总人数的58.8%，其中，年龄在19—54岁的41位女性，共有21位处于兼职或无业状态，这在一定程度上反映该区女性矫正对象的就业比例较低。另外根据调查，具有劳动能力的21位无业女性，一半左右具有强烈的就业意

① 曹颖.女性社区矫正对象社会支持网模式研究[J].犯罪与改造研究,2017(3):49.

愿，希望能够自立自强，但因为就业困难而不得不待业家中，还有一半女性就业出于照顾家庭或者认为自己没有一技之长等原因，就业意愿不强烈。就业对于女性社区矫正对象的再社会化具有重要意义，相关部门应当提供有力措施予以帮助。

（二）W市Y区成年女性社区矫正对象社会支持现状

1.社区矫正体系基本完备，再犯率为零

W市Y区于2006年启动社区矫正试点工作，目前已建立由市司法局统筹领导，市级社区矫正支队、区级社区矫正执法大队和社区矫正中队（司法所）组成的三级执法机构，初步形成了较为完备的工作体系和运行机制，日常管理规范，台账基本建立，相关法律文书齐全。自2018年开始，Y区司法局积极探索社区矫正工作，以公开招标的形式将部分社区矫正服务工作委托给专业的社会工作机构，由春雨社会服务中心、仁杰社会服务中心等社会组织为社区矫正对象提供心理矫正、法治道德教育等方面的社会服务。截至2021年6月底，Y区共有社区矫正对象219人，其中女性社区矫正对象51名，占总矫正人数的23.29%。15年来，Y区累计接受社区矫正对象1647人，女性社区矫正对象共计80人，再犯率为零。

2.支持方式多元化，客观支持常态化

目前W市Y区为女性社区矫正对象提供的支持包括组织道德法治教育学习活动、提供职业技能培训、协助申请困难补助、举办心理辅导讲座等，已形成多元化、常态化支持模式。除了常规的道德法治教育外，推荐成功就业5人，推荐就业技能培训20人，帮助临时就业10人；落实低保2人，帮助获得临时性补助2人，协调解决医疗费问题1人；建立公益劳动基地1个，教育学习基地1个；解决家庭矛盾2个。在实操性支持方面，W市Y区利用公益劳动基地作为教育、劳动、培训和安置的固定场所，为女性社区矫正对象学习就业技能，顺利回归社会提供了实际帮助。针对因犯罪导致的家庭矛盾问题，特别注重对社区矫正对象家庭成员的引导，经过相关部门的不懈努力探索，已帮助大部分矫正对象取得家庭成员的理解和

支持。在正式支持层面，W市Y区形成了以思想教育为主，心理辅导、就业指导、困难帮扶及公益劳动为辅的多元化支持模式，为该区女性矫正对象提供了较好的支持环境，有力地减少了重新犯罪问题。

二、女性社区矫正对象回归社会之困境分析

（一）就女性社区矫正对象自身而言，自我认同危机为主的多重因素影响其回归社会

1. 自我认同危机引发多重排斥困境

笔者通过大量访谈发现，大多数女性社区矫正对象，无论是职业女性还是家庭主妇、已婚女性还是未婚女性，均存在一定程度的自我认同危机。这些矫正对象的自我认同危机主要表现为消极悲观、自我评价显著降低。自我认同危机产生的原因通常包括内外两方面因素：一方面是女性社区矫正对象自身由于被贴上“犯罪”标签，导致自我评价显著降低；另一方面是由于周围人群和社会的不理解或排斥，引起矫正对象的自我否定或自我隔离。

自我认同危机使矫正对象孤独感、无力感倍增，继而造成人际信任程度显著降低。大多数女性社区矫正对象由于曾犯罪而长期处于自我否定中，情绪压抑、不稳定，使得其与父母、丈夫或者子女之间无法平和沟通，进而造成家庭氛围沉闷紧张，轻则引发家庭矛盾，重则引起婚姻问题。因此，自我认同危机可能引发家庭排斥困境。

自我认同危机还会造成女性社区矫正对象社会交往能力下降。矫正对象由于自我否定，尤其担心他人知道自己的“罪犯”身份，因而封闭自我，与亲朋好友等渐渐疏离，不愿参与社会活动，社会交往能力下降，这最终可能使其深陷社会排斥困境。同时，人们的报应观念仍然根深蒂固，对犯罪群体普遍的抵触和污名化，会进一步强化女性社区矫正对象的社会排斥困境。总体而言，自我认同危机严重影响了女性社区矫正对象心理再

社会化的进程。

2. 无业是女性回归社会的重要障碍

就业是女性自立自强的经济基础，也是其接触社会、融入社会的重要途径，而无业则是女性回归社会的重要障碍。犯罪身份和性别歧视是女性社区矫正对象就业或再就业的主要阻碍因素。对就业意愿强烈的女性社区矫正对象而言，就业挫折不但会给其带来经济压力，还会进一步强化其自我否定意识，成为这些女性社区矫正对象回归社会的“拦路虎”。而对于没有强烈就业愿望的女性社区矫正对象来说，无业意味着她们在经济上和心理上对配偶或父母有更多的依附，由此可能产生的负面影响是其社会交往范围狭窄固化，一旦女性矫正对象出现家庭危机，在回归社会的过程中将会遭遇更大困难。

3. 受教育程度低、不良价值观及法律意识淡薄等是影响女性社区矫正对象回归社会的重要因素

如前所述，受教育程度偏低、法律知识匮乏、法律意识淡薄、贪利性驱使等因素是造成女性犯罪的主要原因。在对其进行社区矫正时，需要充分借助社会支持系统，充实其法律知识、提升其守法观念、帮助其树立积极正确的价值观。

（二）从社会支持角度而言，正式支持系统建设亟待加强，非正式支持系统建设有待引导

1. 正式支持：政策性支持多，实质性支持较少，支持缺乏针对性、持续性和有效性

正式支持主要集中体现为政策性支持，方式比较单一。有针对性的实质性支持主要表现为就业支持、心理支持和社会组织及社工的专业化支持等，但目前此类型支持还比较少，且个性化支持具有较大的随机性，未形成以人格评估、需求评估等专业性评估为基础的常态化支持。正式支持的主体是司法机关、行政机关、社会组织和社区等，但此类支持缺少实际的教育支持。目前仍缺乏专门从事社区矫正工作的机构和人员，社会工作者

作为专业力量的介入本应发挥重大作用，但还处于摸索阶段，因而造成支持缺乏针对性、持续性和有效性。

2.非正式支持：家庭支持多，其他支持少，缺乏有效引导

女性社区矫正对象获得的非正式支持主要来源于家庭，通常未婚人员是父母支持，已婚人员是配偶支持，家庭给予了她们不同程度的情感、物质及照顾子女等方面的实际支持，给了她们巨大的心理安慰和前进动力。当然，并不是所有家庭都能够给予女性社区矫正对象以完全理解和支持，有不少已婚女性社区矫正对象表示，得不到丈夫理解，婚姻濒临崩溃边缘。一旦不能获得有效支持，女性社区矫正对象将遭受更大的情感伤害，因此，家庭支持方面仍需要社区矫正机构进行引导。而其他非正式支持，如亲属、朋友、同学、同事和邻里等的支持则比较零散化，尤其同事和邻里支持几乎没有，非正式支持仍停留在自发阶段，如何使其他支持资源得到有效引导，共同形成良好的支持体系，值得思考。

总体而言，当前针对女性社区矫正对象的正式支持系统已经初步形成，但普遍性支持多，针对性支持少；政策性支持多，实质性支持少；客观性支持多，情感性支持少。社会支持系统的成熟程度对女性社区矫正对象回归社会有重要影响，从长远来看，正式支持系统建设亟待加强，非正式支持系统建设有待引导。

三、女性社区矫正对象社会支持系统重建的价值与具体路径

（一）社会支持的过程：动态互助与资源合理配置

从构建和谐社会和维护总体国家安全观的角度看，矫正对象也是创造美好和谐社会的一分子，是关乎社会稳定的重要组成部分。因此，社会支持并非是单纯地去惩罚化，也是被支持者（女性社区矫正对象）实现再社会化与社会实现稳定和谐的重要手段。被支持者（女性社区矫正对象）的生存发展需要与支持者（社会支持系统）对社会安定和谐的期待是一个利

益互补的过程。社会支持是支持方与被支持方双向互动、动态互助、资源合理配置的过程，既非支持者的静态输入，也非被支持者单方面的评价。

对于需要再社会化的女性社区矫正对象而言，社会支持系统有利于帮助其解决其生存与发展问题。在这一动态互助的过程中，需要整合司法资源、行政资源、教育资源以及各种社会帮扶资源，由党和政府统筹规划，各职能部门相互配合，加大对社区矫正工作的支持，根据女性社区矫正对象的需要为其提供有针对性的帮助。对于社会支持系统是否起到了必要的支持作用，要综合评价，必须考虑女性社区矫正对象的主观感受，要走近她们，针对其具体需要，提供个性化支持方案，经由其反馈回应，在支持与被支持之间反复沟通、改进，达到女性社区矫正对象的需求得到满足和社会更加安定和谐的利益互补状态。

（二）社会支持的功能：心理重建与行动重建

每个人都处在一定的社会关系中，社会认知理论认为在具有多重社会关系的人际生态环境中，行为与认知相互影响，认知可以改变行为，行为也可以改变认知①，一旦犯罪，一个人的人际生态环境势必遭到破坏。女性社区矫正对象的自我认同危机是由于对犯罪这一事实的非理性认知和评价所产生的负面情绪所引起的。因此，改变其错误的认知信念，帮助其恢复和谐人际生态环境，重拾信心和提升行动能力既是社会支持的重要目标，也是社会支持的重要功能。

传统的道德法治教育多以集体教育为主，忽略了个性差异。心理重建与行动重建作为女性社区矫正对象再社会化的重要内容，应当贯彻“以人为本”的理念，根据女性社区矫正对象的不同需求给予其个性化支持，例如针对自我认同危机问题，对矫正对象加大心理帮扶力度，进行心理辅导，促进健康心理的养成；针对社会交往能力薄弱或利用社会资源能力不足的矫正对象，加强对其进行社会交往技能培训，开展体验式教学，以小组活动的方式增强其参与性；针对就业技能欠缺的矫正对象，根据其自身

① 程玲.社会认知理论及其在社会工作中的运用[J].长沙民政职业技术学院学报,2007(1):21-24.

特长，进行针对性就业辅导；针对陷入家庭危机的矫正对象，为其提供法律援助，并提升其危机化解能力。运用综合手段，持续跟踪服务，实现心理与行动双重建设，帮助女性社区矫正对象摆脱扭曲的思维方式和束缚自己的限制性信念，走出“犯罪标签”带来的阴影，重塑正确的思维方式和价值信念，拥有重新回归社会的勇气和能力。

（三）社会支持系统的模式构建：正式社会支持为主，辅之以非正式社会支持

社区矫正作为国家层面的刑事执行方式，在女性回归社会的过程中，势必要以正式社会支持为主，以非正式社会支持为辅。以社区为基本单位，政府为组织和引导者，社会工作者为专业工作主体，以资源的合理配置和互助共享为基本方式，以心理和行动重建为基本目标，最终实现女性社区矫正对象再社会化和促进社会安定和谐。具体而言，可通过以下四个方面实现。

1.创造以权利保障为主的社会文化氛围

数千年来，在报应型观念的浸淫下，无论是执法者抑或社会大众普遍将罪犯妖魔化，他们的权利保障无人问津，“犯罪”标签所引发的自我排斥、家庭排斥和社会排斥等问题已经严重阻碍了矫正对象的再社会化，也成为社区矫正目标实现的障碍。我们不能因为惩罚便漠视矫正对象的合法权益；不能以维护秩序的名义而牺牲权利，更不能以牺牲权利而换得秩序，应当使矫正对象的权利得到应有的尊重和保障。惩罚与改造是一体两翼，应当平衡把握①。《中华人民共和国社区矫正法》第四条明确规定应当尊重和保障人权，并规定人身权利、财产权利和其他权利不受侵犯。然而，如何让权利保障落到实处？

最重要的是从文化观念和社会氛围入手，转变刑罚观念。第一，加大对社区矫正的宣传学习力度。国家层面高度重视，自上而下加大对社区矫正的宣传和学习，增加社区矫正实务工作者和社会大众对社区矫正的认知

① 刘强.论社区矫正法律制度的发展创新空间[J].犯罪研究，2020(3)：10.

和理解，使他们对刑罚轻缓化、人道化、社会化的发展趋势有更多的了解，转变重刑主义和强烈的报应主义观念，知晓社区矫正对象的合法权益不可侵犯。第二，多做正面引导和宣传，减少公众对女性社区矫正对象的抵触情绪。通过普适性的政策宣传和典型个案的逆向引导，让更多的人了解和熟悉这类特殊群体，营造包容、宽容、开放的社会文化环境[①]，给予矫正对象尤其是女性社区矫正对象更多关注和接纳，继而通过多种举措实施具体的权利保护。

2. 构建以情感支持为主的心理帮扶体系

如前所述，绝大部分女性社区矫正对象因犯罪导致自我认同危机，对面临自我认同危机的她们来说情感支持尤为重要。女性获得情感支持主要有两种途径：一是以家庭支持（主要是配偶或父母）为主的非正式支持系统，二是以心理辅导为主的正式支持系统。

当前家庭支持已经发挥了很大的作用，但并非所有女性社区矫正对象都能获得家庭成员的理解和支持，因此，在家庭支持方面仍需进行有效引导。当前W市Y区采取了家庭支持系统的做法，与家属恳谈，让家属成为社区矫正的重要参与者，作为女性社区矫正对象的帮教者、家庭责任人和联系人，对家属的责任和义务予以明确化，切实缓和了女性社区矫正对象的家庭矛盾，为其提供了有效的情感支持。除了家庭之外，朋友、同事、邻里也是其重要的情感支持来源，是帮助女性社区矫正对象扩大社交范围，克服心理障碍的重要力量。此外，相关部门还要在宏观层面构建宽容的文化氛围，社区矫正机构还可以通过了解女性社区矫正对象的人际关系状况，对接与其关系密切的朋友、同事和邻居，用中华优秀传统文化中的恻隐之心引导他们，吸引他们参与到社区矫正工作中去，强化女性社区矫正对象的心理支持体系。

目前以心理辅导为主的正式支持系统已初步发挥作用，例如W市Y区邀请高校心理专家为女性社区矫正对象开展专场心理辅导，社区矫正机构工作人员和社会工作者也会对其做入户走访或个别访谈。但总体仍然以集

① 金碧华.社区矫正假释人员回归社会的障碍分析及破解策略[J].犯罪研究,2020(3):30.

体性的心理讲座为主要形式，个性化心理辅导较少，对此，应当充分动员社会组织、企事业单位及社区矫正志愿者等参与到心理帮扶当中。以心理状况评估、需求评估和再犯评估为基础，制定个性化心理矫正方案；定期或不定期开展主题活动；进行团体心理辅导，开展小组活动；对个别人员进行针对性辅导；志愿者一对一结对帮扶等方式，可以有效缓解女性社区矫正对象的心理压力。

3.完善以就业支持为主的社会保障制度

身份与性别遭受双重歧视是女性社区矫正对象再就业的主要障碍。就业支持是解决女性社区矫正对象生存发展问题的重要手段。为减少女性社区矫正对象就业障碍，相关部门可以从以下四方面入手：第一，增强和改变女性社区矫正对象的就业观念。通过思想教育课程、就业培训课程以及个别谈话等方式，引导女性树立自立自强意识和正确的劳动观、价值观，克服依赖心理和不劳而获心理，提升就业自信心。第二，建立女性社区矫正对象就业保障机制，确保女性在求职、工作过程中与男性拥有平等的权利。比如，借鉴英美等国的反就业歧视法，为女性平等就业提供法律保障。第三，增设公益劳动基地，拓宽就业渠道。W市Y区的公益劳动基地为女性社区矫正对象提供了工作机会，但目前该区只有一个此类基地，远远不能满足女性社区矫正对象的需求，对此，应当发动更多企业，联合建立公益劳动基地，让情况不同的女性社区矫正对象有更多的选择。同时，提供更多的就业信息和就业指导，拓宽她们的就业渠道。第四，提升女性社区矫正对象的就业能力。根据女性社区矫正对象的年龄、身体、家庭等不同情况，结合其自身能力及教育背景，为其提供符合实际需要的文化知识教育和技能培训，例如，利用线上线下的培训资源，帮助她们获得一技之长，增强她们的求职能力，为她们重新融入社会创造必要条件。

除就业支持外，还应加大对现实生活困难女性社区矫正对象的帮扶力度。构建更加完善的社会保险、社会救助和社会福利体系，建立更加人性化的养老、失业和医疗保险制度；为老弱病残、无生活能力或遇到突发灾难的女性提供困难补助或者协助解决低保问题，为求学者提供助学、复学帮助，推动社会救助制度的落实；对自主创业者或自主择业者，协助申请贷款或申请减免税费等，完善社会福利制度。

4.健全以教育帮扶为主的社会参与体系

社会力量是社区矫正发展的源头活水。第一，加强基层社会组织的培育和规范发展，鼓励成立以女性健康或女性发展为主题的非政府组织①。W市已经成立了春雨社会服务中心、仁杰社会服务中心两个社区矫正社会组织，在工作过程中，其秉持尊重、接纳和支持的理念，运用个性化矫正的方法，为矫正对象提供人性化服务，发挥了社会工作的优势，起到了较好的效果。但是这两个社会组织规模较小，工作辐射范围有限，而且在专业性和规范化方面仍存在欠缺，对此，应当加强对社会组织的培育力度，充分发挥社会工作者的优势，持续开展针对女性社区矫正对象个体需求的个案工作和小组工作，进行人格与需求评估，一人一档，全程跟踪服务。第二，加强与居委会、村委会的合作，协助做好针对社区矫正对象的心理疏导、劳动就业、困难救助和家庭矛盾化解等工作。第三，广泛吸收不同专业背景的社会志愿者参与到社区矫正当中。当前社会志愿者数量少，其专业背景范围狭窄，且志愿者实际参与力度小，为此，应当广泛吸收具有法学、心理学、社会学、医学、教育学等专业背景的优秀人才加入志愿者队伍，加强与他们的合作，探索建立结对帮扶机制。此外，还可以动员刑满释放人员和社区矫正解矫人员加入社区矫正志愿者队伍，对女性社区矫正对象进行帮教。通过与社会组织、社区和社会志愿者的合作，形成社区矫正机构、社会组织、社区、社工和社会志愿者彼此间信息通畅、通力合作的协同支持体系，让女性社区矫正对象在专业的社会化关怀中尽快复归社会。

① 曹颖.女性社区矫正对象社会支持网模式研究[J].犯罪与改造研究，2017(3)：47-51.

新时代对科学技术创新的司法保护研究

——以保护知识产权为视角

陈广计①

摘 要：加强对科学技术创新的司法保护对我国加强科学技术创新、奋进社会主义现代化新征程具有十分重要意义。新时代加强对科学技术创新的司法保护应当坚持如下原则：将坚持预防犯罪作为重要立足点；将司法保护贯穿于办案全过程；将公正司法与倾情保护科学技术创新相结合；将全面、系统保护和注重细节保护相结合等。当前科学技术创新的司法保护工作面临个别办案单位司法理念落后、对司法政策理解和运用能力欠缺，导致科创平台保护力度不足等五大问题。对此，应有针对性转变司法理念，不断加大预防案涉科学技术创新犯罪的工作力度；倾情对科学技术创新进行司法保护，并注重细节保护；加强司法系统内部的交流和协作，不断提高对科学技术创新司法保护的协同力度及整体水平；经常问计于科创平台的司法保护诉求，不断提高对科学技术创新司法保护的精准性和针对性，以适应加强对科学技术创新的司法保护的需要。

关键词：新时代；司法保护；科学技术创新

习近平总书记十分重视科学技术，在2021年1月11日省部级主要领导干部学习贯彻党的十九届五中全会精神专题研讨班上的讲话中指出："在'十四五'规划《建议》中，第一条重大举措就是科技创新。"人类历史发展无不证明：科学技术创新是一个民族进步的灵魂和国家兴旺发达的不竭动力。搭建科学技术创新平台并加强其建设水平，不仅能为加强科学技术

① 陈广计：安徽省芜湖市人民检察院三级高级检察官。

创新提供重要载体，而且有利于提升科学技术水平，将科学技术成果转化为生产力和经济成果。正是因为如此，习近平总书记在不同场合多次强调加强科技创新的重要性，如，他在2021年1月25日世界经济论坛“达沃斯议程”对话会上的特别致辞中指出：“科技创新是人类社会发展的重要引擎，是应对许多全球性挑战的有力武器，也是中国构建新发展格局、实现高质量发展的必由之路。”司法机关虽然不直接从事科学技术创新工作，但履行司法职能，依法服务和保障科学技术创新应当是司法机关的职责所在。自改革开放以来，特别中国特色社会主义进入新时代以来，全国许多地区都陆续建设和发展了一系列科学技术创新平台，如上海的张江科创中心、合肥的科学岛、芜湖的高新技术开发区等。总体看来，这些科学技术创新平台建设在党和政府的高度重视下和全社会各部门协同支持下，取得了突飞猛进的发展和成绩。不可否认，也有一些科学技术创新平台因科创有关主体人员违法犯罪、科创平台遭受知识产权侵权和其他违法犯罪行为的侵害，再加上有的司法机关在办理案涉科学技术创新违法犯罪时存在单纯办案思想，不注重对科学技术创新系统、细节的保护，导致一些科学技术创新平台遭受严重经济损失，发展速度迟缓，有的甚至出现倒闭等严重后果，从而严重影响到科学技术创新的健康发展。为此，十分有必要加强对科学技术创新的司法保护。鉴于此，笔者以习近平新时代中国特色社会主义思想，特别是习近平法治思想为指导，着眼于科学技术创新的目标导向和问题导向，就新时代加强科学技术创新平台的司法保护若干问题，试笔探讨研究，以期对加强科学技术创新的司法保护有所裨益。

一、新时代加强对科学技术创新的司法保护应当坚持的主要原则

为保证新时代科学技术平台司法保护具有正确的价值导向和正确方向，笔者认为，新时代加强对科学技术创新的司法保护应当坚持以下主要原则。

（一）坚持将预防犯罪作为科学技术创新司法保护工作的重要立足点的原则

习近平总书记曾指出："既要有防范风险的先手，也要有应对和化解风险挑战的高招。"[①]鉴于此，笔者认为科学技术创新的司法保护工作要将预防各种危害科学技术创新的犯罪，包括涉及科创平台的主体人员的犯罪行为和对科创平台的犯罪行为作为防范科创平台风险的重要内容和司法保护业务工作的重要立足点。因为，无论是科创平台主体人员犯罪，还是对科创平台的犯罪行为，一旦犯罪行为发生了，都会对科学技术创新造成重大伤害和重大影响，甚至会造成科创平台倒闭。如果司法机关能及时更新司法理念，将对科创平台的司法保护关口前移，治未病之病，防未知之害，将涉及危害科学技术创新的犯罪消除于未发案之时或萌芽状态，比单纯打击犯罪更有利于科学技术创新的司法保护。因此，将转变司法理念，预防危害科学技术创新的各种犯罪作为对科学技术创新的司法保护工作的重要立足点，应当成为司法机关加强对科学技术创新司法保护必须坚持的一个原则。

（二）坚持将司法保护贯穿于办案全过程的原则

司法机关在办理危害科学技术创新的犯罪案件时，要树立司法保护科学技术创新的工作理念，心中时时有保护科学技术创新之想，时刻绷紧对科学技术创新的司法保护之弦，将司法保护贯穿于办案的全过程，才能在履行司法职责时坚持在办案中保护、在保护中办案，防止在办案中科学技术创新次伤害的出现。危害科学技术创新的犯罪行为及现象，本身对科学技术创新肯定会造成伤害，如果不将司法保护贯穿于办案全过程，不注重在办案中保护、在保护中办案，极有可能使科学技术创新因办案方式不当受到二次伤害。

① 习近平谈治国理政：第3卷[M].北京：外文出版社，2020：73.

（三）坚持公正司法与倾情保护科学技术创新相结合的原则

司法机关在办理涉及科学技术创新的案件时，要公正司法，坚持以事实为根据，以法律为准绳，客观公正办理案件，让科学技术创新相关主体在每一起案件中真切感受到公平正义。但司法机关在公正司法时，不能没有温度、没有温情，在办案中要心有对科学技术创新保护之念、心系保护之情，将公正司法与倾情司法结合起来，尽最大可能助力科学技术创新的发展和水平的提升，力争使科学技术创新的司法保护实现政治效果、法律效果和社会效果的三者有机统一。

（四）坚持全面、系统保护和注重细节保护相结合的原则

中共中央政治局委员、中央政法委书记郭声琨2021年在中央政法工作会议上的讲话中指出：政法工作要“以党的政治建设为统领，以防范化解各类风险为牵引，以维护国家政治安全、推进扫黑除恶常态化、深化市域社会治理现代化试点、政法领域全面深化改革、政法队伍教育整顿为着力点，奋力推动政法工作高质量发展，努力建设更高水平的平安中国、法治中国”①。为将此次会议精神贯彻落实到对科学技术创新的司法保护上，笔者认为，一方面，政法机关要树立全局观念和系统思维，加强对科学技术创新的司法保护，既要全面、宏观地加强对科学技术创新的司法保护，又要加强系统保护、织就严密的保护网络，为全面、系统对科学技术创新开展司法保护奠定坚实基础。另一方面，在此基础上，还要加强细节保护。如果我们在对科学技术创新的司法保护中忽视细节，就可能影响科学技术创新司法保护的全局及其效果，甚至会对科学技术创新的司法保护造成严重伤害。科学技术创新的司法保护应当坚持全面、系统保护和注重细节保护相结合的原则。

---

① 史兆琨.奋力推动政法工作高质量发展 以优异成绩庆祝建党100周年[N].检察日报，2021-01-11(1).

二、当前科创平台司法保护工作面临的形势及存在的问题

自党的十九大以来，在习近平新时代中国特色社会主义思想，特别是习近平法治思想的指导下，各级政法机关不断增强政治意识，强化措施机制，加强对科学技术创新的司法保护，对促进科学技术创新发展起了重要作用。但从全国来看，科学技术创新司法保护认识重视程度不低、服务保障措施机制不少、取得成果成效也不小，但离党和国家的殷切希望还有一定的距离，在科学技术创新司法保护工作中仍存在不少短板和问题，这些短板和问题需要相关部门高度重视并加以解决。这些短板和问题主要表现为以下五个方面。

（一）个别办案单位司法理念落后、对司法政策理解和运用能力欠缺，导致对科创平台保护力度不足

从笔者调研情况来看，不少司法机关的司法理念还不能完全适应对科创平台司法保护的需要和时代要求，部分司法机关对中央和最高国家司法机关关于保护科学技术政策仍理解不深、掌握不透，也即严格执法有余，对科创平台的特殊性考虑不足，或者不善于运用司法政策加强对科创平台的司法保护等。有的司法机关在司法过程中，没有考虑到科创平台有关涉案件主体的特殊性，在执法方式上没有给予充分的区别对待；有的司法机关在司法过程中不注重办案的方式方法，因考虑不周、不仔细等，对科创平台司法保护不足，对科创平台发展造成负面影响。

（二）对科学技术创新倾情保护不够，特别是在落实落细方面不够到位

笔者通过调研发现部分司法机关在司法过程中虽然也重视加强对科创平台的司法保护，但在司法过程中，一般还是在履行特定职责，对如何加强对科创平台的司法保护想得较少，还有的工作人员在司法过程中对科创平台案件主体人文关怀不够，在保护的细节上想得不到位。这些情况说

明，有些司法机关在对科创平台的保护上，倾情程度远远不够。

（三）司法系统内部就科学技术创新保护交流不够，协同保护及水平有待于提升

科创平台的司法保护是一个系统工程。目前总体看来，司法机关在开展保护科创平台的工作时，虽然有不少司法机关通过召开联席会议的方式，来协调处理相关共同问题，但在个案司法保护上，不同司法机关各自履职的比较多，而司法系统内部就协同保护、共同交流保护强调的比较少，与其他政府部门的联系也较少。这显然不利于对科创平台的系统保护，也不利于司法保护整体水平的提高。

（四）对科学技术创新司法保护的需求把握有待于进一步深化和提高

司法和科技创新属于两个截然不同的领域，再加上科技创新领域的专业性较强和具有一定的封闭性，司法机关只有对科技创新领域较为熟悉，才能做好对其的服务和保障工作。据笔者调研，目前由于司法机关与科创平台主动联系不够，深入交流不多，司法机关对科技创新领域的需要和诉求了解不深、不够具体，难以深刻把握其司法保护的具体需要和诉求。因此，对科创平台司法保护的需求把握有待进一步深化和提高，这样能够使司法对科技创新平台的保护更具有针对性和有效性。

三、新时代科学技术创新司法保护的相关措施

当前，国际竞争的实质是以经济和科技实力为基础的综合国力的较量。科技创新对我国奋进社会主义现代化新征程，顺利实现社会主义现代化宏伟目标具有关键作用，推进科技创新是关乎党和国家发展大局的重要举措。在此过程中，司法机关要提高政治站位，把服务和保障科创平台的发展摆在司法工作的重要位置，不断强化措施机制，推动科创平台高质量发展。针对当前司法机关服务保障科创平台发展存在问题，笔者提出以下

对策建议。

（一）转变司法理念，不断加大预防案涉科学技术创新犯罪的工作力度

针对当前科学技术创新犯罪案件的较为严峻的形势，笔者认为司法机关应当转变司法理念，将司法工作关口前移，将预防各种侵害科创平台的犯罪行为，包括科创平台主体内部犯罪行为和外部对科创平台侵害的犯罪行为作为业务工作的重点。一是利用网络平台、法治宣讲报告、宣传栏、发放法治宣传资料等形式，开展法治宣传，增强科创平台主体的法治意识，预防各种犯罪行为的发生；二是利用典型案件警示、案件当事人现身说法等方式，针对易发案件作出环节提醒，进行重点预防；三是本着亲清原则，加强与科创平台主体人员的联系与沟通，若发现犯罪的苗头，及时提醒科创平台主体避免陷入犯罪陷阱。如果上述措施能较好付诸实施，定会在很大程度上将犯罪扼杀于萌芽状态，从而为科创平台的健康发展提供良好稳定有序的法治环境。

（二）倾情对科学技术创新进行司法保护，并注重细节保护

各司法机关在公正司法的基础上，应立足本职，将对科创平台的司法保护放在心上、扛在肩上，落实在具体司法职能的履行中。时时注意、处处留心，用心用情加强对科创平台的司法保护，及时解决科创平台发展中遇到的难题，促进科创平台的正常发展。同时，司法机关对科创平台的保护又要注重细节，想尽一切办法，促进科创平台发展，尽一切可能，避免科创平台受到伤害。只有对科创平台进行细致入微的司法保护，才能有效促进科创平台的深入健康发展。

（三）加强司法系统内部的交流和协作，不断提高对科学技术创新司法保护的协同力度及整体水平

针对司法系统内部关于科创平台的保护交流不多、协作不够的问题，笔者认为相关交流协作应不断加强，这样才能提高对科创平台整体司法保

护的水平，笔者具体建议如下：一是由政法委统一领导和协调组织处理对科创平台的司法保护事宜；二是采取定期和不定期方式，组织司法系统内部展开对科创平台司法保护的经验及存在问题的交流；三是通过网络、信息简报等方式，及时发布各政法单位对科创平台司法保护的良好做法、经验教训；四是司法系统内部协作配合，共同做好对科创平台的司法保护工作。

（四）经常问计于科创平台的司法保护诉求，不断提高对科学技术创新司法保护的精准性和针对性

为了增强对科创平台的司法保护的精准性和针对性，各司法机关应当在不影响科创平台正常研发和生产经营的前提下，通过恰当的方式，如通过问卷调查、设置意见和建议箱、开通热线电话和电子信箱等，让科创平台了解司法保护对科创平台发展的重要作用。在公正司法的基础上，尽量满足科创平台的司法保护愿望和诉求，能照顾的尽量给予照顾，以增强对科创平台司法保护的精准性和针对性。

打造安徽“智治”第二城：芜湖市网络理政方略研究

朱晓凯，吴来安，高月[①]

摘　要：网络理政是为顺应数字时代大背景而提出的新型城市治理方式，对政府的治理方式产生着深刻的影响。在安徽省内，芜湖虽极具发展潜力，但因地域、资源配置等多种因素的影响，当前发展正面临诸多挑战。如何在数字时代把握机遇，探索城市治理的有效方略，以助力芜湖更好发展，成为当前亟待解决的问题。本文以网络理政为切入点，综合SWOT分析及深度访谈的方式来探究芜湖城市发展的治理方案提出：芜湖一方面需转变发展理念，充分释放数字潜力，合力构建立体化的数字传播矩阵；另一方面需在城市品牌塑造上精准定位，深挖城市特色元素，在综合研判芜湖城市特征和技术优长的基础上，打造出安徽“智治”第二城的文化品牌。

关键词：芜湖；安徽“智治”第二城；网络理政

一、研究缘起

目前，我国城市治理方式正由“网络问政”转向“网络理政”。所谓网络理政，是指“国家和社会通过互联网，实现公共事务有效治理、公共

① 朱晓凯：博士，安徽师范大学新闻与传播学院教授、硕士生导师、高级记者；吴来安：博士，安徽师范大学新闻与传播学院教授、硕士生导师；高月：安徽大学博士研究生，安徽师范大学新闻与传播学院讲师。

利益全面增进的活动与过程”[①]。其不仅是指利用互联网的连接功能来治理社会，而且强调政府要树立积极主动的服务理念，构建与社会公众的动态关系，进而实现公共事务有效治理、公共利益全面增进。《安徽省“数字政府”建设规划（2020—2025年）》指出：“‘数字政府’建设是以新一代信息技术为支撑，通过数据驱动政务信息化管理架构、业务架构和组织架构重塑，旨在提升政府行政办公、经济调节、市场监管、社会治理、公共服务、生态环保、区域协同等多领域的治理能力，形成‘数据决策、数据服务、数据创新’的现代化治理模式。”芜湖市是一个潜力巨大的城市，目前正积极推进“互联网+政府服务”建设，已推出“两微一网”平台栏目建设、政务服务平台知识库建设、政务新媒体建设等，并开展了“芜湖早餐会”“紫云英计划”等卓有成效的城市品牌提升计划。然而，数字时代的城市治理不仅要有大量行之有效的政策行为予以支撑，还要立足城市特征，提炼出独特的品牌定位作为引领，方能整合诸多资源及行为持续发力，避免陷入同质化发展的模式陷阱。本文以数字时代的城市治理为背景，从网络理政的视角切入，尝试在分析芜湖现有政务数字化成果的基础上，综合研判芜湖市的诸多地域及技术优势，提出城市定位的构想及实施路径，为芜湖在日趋激烈的城市品牌竞争中找准方向，顺利“破圈”提供方略上的指导。

二、文献综述

芜湖市是国家历史文化名城，因“长江巨埠、皖之中坚”而享誉华夏，不仅有“云开看树色，江静听潮声”之美誉，还被称为“江东名邑”“吴楚名区”。学者们从文化保护、旅游发展、乡村建设的角度对芜湖开展了诸多颇有建树的研究，但关于城市治理维度的研究则相对较少。

专著方面，安徽人民出版社2005年出版的《民意社区：芜湖市利用网络实行政府与市民互动》介绍了芜湖市开通电子政务的背景和获得奖项。

① 沈国麟，李良荣．网络理政：中国的挑战、目标和理念[J]．新闻大学，2018(3)：109.

其他专著则在部分章节提及芜湖市的城市管理规划、实践及成果，将芜湖市的相关研究纳入地域发展、创新和数字化的城市管理主题中，如河海大学出版社2006年出版的《走向崛起：南京都市圈2006～2010五年建设规划纲要》中的《芜湖市“十一五”建设发展规划》提及芜湖的城市管理规划；中国时代经济出版社2006年出版的《中国政府创新案例》，中国长安出版社2013年出版的《社会管理创新社区工作选集》和安徽师范大学出版社2015年出版的《安徽地方治理研究报告①》将芜湖的城市管理创新实践选作研究案例。

期刊方面，探讨芜湖市城市管理的研究相对较多，其研究视角多集中于提升政府管理能力的路径探索上。20世纪90年代至21世纪初，在中国“综合行政执法导向”[①]的城市管理阶段，学界有关芜湖城市管理的研究成果数量较少，有文献涉及构建“两级政府、三级管理的网络”[②]，结合城市规划和城市建设打造特色滨江城市；也有研究以基层组织的社区建设为抓手，“完善城市管理体制”[③]；或主张以市场化轨道代替原有的单纯财政安排的方式向公众提供公共物品和公共服务的新的城市管理模式，其中还提到“政府作为城市经营主体应当增强人本意识”[④]，以上研究方向仍属于小规模或模糊的概念探索。2007年以后，在国家城市治理理念和政策引导下，芜湖城市管理的研究方向渐趋明朗。大部分文献以创新为主线、技术为支撑，围绕“数字芜湖”“智慧城市”展开了“互联网+”城市管理的现代化综合管理研究。然而大数据背景下芜湖新型智慧城市建设困境是推进芜湖城市管理向纵深发展的必答题，有研究提出应“加速顶层设计和整合能力”[⑤]，扩大人才储备和推进多元共治。有的研究聚焦于“停车难”

① 余池明，曾永光．中国城市管理工作方针的演变与发展趋势[J]．中国名城，2021（5）：14-22.

② 时云福，史先明，谷先晴．芜湖：着力打造特色滨江城市[J]．长三角，2005（4）：32-34.

③ 张克俭，傅祖浩，程世海，等．完善城市管理体制强化社区服务功能：芜湖市新芜区大力推进社区建设的调查[J]．华夏星火，2003（Z1）：21-23.

④ 李廷宪．城市经营的本质与城市经营的人本化[J]．安徽工业大学学报（社会科学版），2005（2）：22-24.

⑤ 周维．智慧城市建设中地方政府治理能力提升路径研究：以安徽省芜湖市为例[D]．芜湖：安徽工程大学，2018.

和“流动摊贩”这类城市治理问题而提出对策。

研究发现，芜湖城市治理的研究视角主要基于国家城市治理的框架，虽然指出芜湖城市管理存在进一步发展的困境，但忽视了发展困境的本质是在区域一体化中城市管理的同质化，并且解决路径局限于经济、政务平台等方面的技术应用和城市治理主体，尚缺少针对芜湖特色的具体解决思路。因此，本文在网络理政的背景下，运用SWOT和访谈的综合分析法廓清芜湖市的城市特点，探索当下芜湖市网络理政的本土化路径。

三、理论基础及研究方法

（一）理论基础

SWOT分析法（也称TOWS分析法、道斯矩阵）即态势分析法，20世纪80年代初由美国旧金山大学管理学教授韦里克提出，经常被用于企业战略制定、竞争对手分析等场合，包括优势（Strengths）、劣势（Weaknesses）、机会（Opportunities）和威胁（Threats）分析。因此，SWOT分析实际上是对企业内外部各方面内容进行综合和概括，进而分析组织的优劣、面临的机会和威胁的一种方法。通过SWOT分析，可以帮助企业将资源和行动聚集在自己的强项和有最多机会的地方，让企业的战略变得明朗。

（二）研究方法

本研究以SWOT分析为理论模型，通过深度访谈的方式，对59名芜湖市民（包括芜湖常住居民，如在校大学生）展开了调查，在此基础上，对访谈结果进行数据统计分析，厘清芜湖网络理政的优势、劣势、机会和威胁，为芜湖网络治理的发展提供借鉴。

访谈内容主要包括市民的个人基本情况、对现有芜湖市网络理政现状的认知、对芜湖市网络理政的态度、对芜湖市未来发展前景的展望及是否愿意留芜发展等问题，形式包括面对面访谈、网络访谈和电话访谈。为确保访谈的客观性，在实际访谈前和实际访谈后，访谈组织者分别将访谈提纲和访谈材料交由专家审查。59名访谈对象中，男女比例会占47.4%和52.6%；20岁以下占13.5%、20—30岁占33.9%、31—40岁占20.1%、41—50岁占19.6%、50岁以上占12.9%；职业涉及学生、企业员工、教师、个体户和农民等。

四、芜湖市网络理政现状分析

通过数据统计，分别从市民“对芜湖市网络理政的认知”“对芜湖市网络治理的评价及态度”“芜湖市未来发展前景展望及个人留芜意愿”这三个方面来进行分析。

（一）市民对芜湖市网络理政的认知调查

本部分主要为了了解市民对芜湖市的认知，主要围绕对芜湖的第一印象开展调查。根据访谈对象的开放式回答，调查结果可归纳为以下几个方面：91.67%的芜湖市民提及了“网络热词”（芜湖起飞等）、78.33%的人选择了“电商企业”（三只松鼠等）、36.67%涉及“网络红人”（芜湖大司马等）、28.33%提及“支柱企业”（奇瑞汽车等）、20%的市民选择“芜湖美食”（小笼汤包等）、6.67%的市民提及了特色建筑（长江大桥等）、6.67%的市民提及“其他”。

在上述提问的基础上继续对芜湖市民进行提问，调查他们都是通过哪些渠道了解有关芜湖的事情。访谈结果显示：76%的市民是通过线下熟人分享、56.67%的市民通过微博、45.26%的市民通过短视频、43.33%市民通过微信公众号、15%的市民则通过芜湖市报纸、广播、电视等官媒渠道，还有5%市民选择“其他”。

根据上述两组数据，大致可以推测出，大部分芜湖市民对芜湖的网络理政现状认知程度并不高，尤其是信息来源还主要停留于线下熟人分享这种人际传播方式，网络理政的普及还有很大的提升空间，若能扩大芜湖这座城市在网络中的知名度和相关热度、强化渠道铺设，将对芜湖网络理政的发展和芜湖城市形象的提升产生深远影响。

（二）市民对芜湖市网络治理的评价调查

本部分主要调查芜湖市民对网络治理的评价。设置的问题为：您觉得“芜湖本地宝”等便民公众号有没有真正起到协商治理、解决群众问题的作用？数据显示，有61.67%的芜湖市民认为“芜湖本地宝”等类似的便民公众号并没有真正起到协商治理、解决群众问题的作用，仅有38.33%的市民给出了肯定回答。

关于“芜湖官方媒体在芜湖城市形象塑造和传播上发挥的作用”的调查发现，51.67%的市民认为其作用“一般”、33.33%的市民认为其作用“比较大”、11.67%的市民认为其作用“不大”，仅有3.33%的芜湖市民认为其作用“很大”。

从上述调查中可以看出：当前，市民对芜湖市网络理政作用的发挥的评价并不高，芜湖市官方媒体对网络传播力缺乏重视。

（三）芜湖市未来发展前景及个人留芜意愿调查

本部分的访谈对象主要聚焦于芜湖常住居民，如在校大学生、农民工、企业员工等，围绕他们对芜湖市未来发展前景展望及个人留芜意愿展开调查。在对“芜湖的城市定位”的调查中发现：31.67%的市民认为芜湖的城市定位接近苏州，26.67%的市民认为接近温州，21.67%的市民认为接近大连，19.99%的市民认为芜湖的城市定位接近其他城市等。

在个人留芜意愿调查中，“愿意留芜”者占比30%、“不愿意留芜”者占比70%。以上两项数据表明，在人们心中，芜湖市的整体城市定位接近苏州，芜湖市在未来的城市发展中还有很大的进步空间；芜湖市对常住居民尤其是大学生群体的吸引力相对较差，在人才吸引和储备方面，还需进一步发力。

五、芜湖市网络理政面临的几大难题

根据以上访谈结果，对芜湖市网络理政的现状进行简要的SWOT分析，列出了芜湖市网络理政较为典型的优势（Strengths）、劣势（Weaknesses）、机会（Opportunities）和威胁（Threats）（见表1）。

表1 芜湖市网络理政的SWOT分析

S	W
相对优越的地理位置 深厚的文化底蕴 相对良好的产业基础 拥有一定的人才储备	专业性人才储备不足 公民信息化能力整体偏低
O	T
技术、设备等硬件支持 市民参政等软性诉求高涨	信息共享和信息安全矛盾 线上线下服务融合度欠佳

从上表可以看出，芜湖市网络理政虽然有着“相对优越的地理位置、深厚的文化底蕴、相对良好的产业基础、拥有一定的人才储备”这些机遇（Opportunities）和优势（Strengths），但是其劣势（Weaknesses）和威胁（Threats）依然存在，“专业性人才储备不足、公民信息化能力整体偏低、信息共享和信息安全矛盾、线上线下服务融合度欠佳”这几大问题亟待解决。

（一）专业性人才储备不足

芜湖市在“紫云英计划”的加持下引进近百万人才，专业性人才储备量虽有提升，但总体水平尚处中位，而且网络技术人才较为短缺。据芜湖市统计局官网数据显示：2020年，芜湖市每10万人中拥有大学文化程度人数为1.73万人，在27个城市中总量居第12位，比长三角城市群平均水平低17.3%[①]。尽管网络理政通过互联网实现数据信息共享，但最终还是人的操作，所以网络理政的发展迫切需要既懂技术又懂政府管理的综合性人才。在当前竞争激烈、信息多元化的社会中，教育是培养人才和推动社会发展的重要手段。尽管近年来安徽省的教育水平不断进步，但是与江苏、浙江等发达省份相比差距仍较为明显。芜湖在人才培养方面仍无法满足芜湖市网络理政对于电子政务综合性人才的需要。

（二）公民信息化能力整体偏低

网络理政的发展除了需要互联网支持，还需要有足够规模的互联网用户。据中国互联网络信息中心发布的第49次《中国互联网络发展状况统计报告》显示，截至2021年12月，我国网民规模达10.32亿，互联网普及率达73.0%，是全球规模最大、应用渗透最强的数字社会。然而，芜湖市地处中部地区，深受传统文化思想影响，公民普遍存在参政议政意识不强的问题。芜湖市统计局2021年政府信息公开工作年度报告数据显示，2021年芜湖市政府共受理政府信息公开申请52件，全年通过"两微一网"发布信息900余条、回复咨询200余条、市长热线10件，网上咨询投诉42件[②]。这在一定程度上与芜湖市经济水平、地理位置有关系，这也是芜湖市网络理政发展的一大劣势。

（三）信息共享与信息安全矛盾

市民和企业的信息数据是政府推进网络治理工作的重要依据，也是政府研究经济社会运行趋势的"风向标"。各政府部门在采集数据的时候不可能搜集到所有数据，企业也不可能提供核心运行数据，这也给政府精准研判社会经济运行态势带来阻碍。此外，囿于部门或系统内部横向信息交流和数据共享难以实现，很多资源被闲置，无法发挥最大作用。而且由于

① 芜湖发布.芜湖人口情况,这份报告讲得很透![EB/OL].(2022-02-08)[2022-09-23].https://m.thepaper.cn/baijiahao_16612580.

② 芜湖市统计局2021年度政府信息公开工作年度报告[EB/OL].(2022-01-23)[2022-09-23].https://www.wuhu.gov.cn/openness/public/6596741/33555971.html.

信息涉及面广、跨度大，在数据共享的过程中也存在着安全的隐患。以芜湖市弋江区为例，该区将全区划分为无缝衔接的398个治理网格，将原来的分散于各个职能部门的信息采集员整合在一起，建立统一的网格信息员队伍。尽管有充足的信息采集能力，但也带来信息泄露的隐患，群众在享受“互联网+”便利的同时也愈发担心个人隐私的泄漏[①]。从这些年的实践来看，由于技术缺陷和不法分子牟利，使得网络理政面临的社会安全问题愈加紧张。

（四）线上线下融合服务能力欠佳

线上线下的融合发展是互联网创新的前进方向，也推动政府网络理政的发展。一般来说，实体政务大厅是企业和市民办事的主要地方，但大厅服务升级进入瓶颈期，办理量大、办理窗口人满为患。如果一项事务涉及诸多办事窗口，会给市民带来极大的不便，“跑腿多”也被群众所诟病。而线上平台办事便利，市民只需要通过手机操作即可完成，但全流程网上办理的事项总量却很少，“据普查数据显示，真正实现从提交办事申请到事项办结，所有流程都在线上走完的服务事项占比不足5%，这个比例在地市级互联网政务服务平台相对高一些，但也达到20%”[②]。当前芜湖市线上与线下建设各自为政，浪费了部分政务资源。对于市民来说，线上线下平台服务范围不同、办理标准不统一，实体政务大厅进驻部门和事项数明显多于互联网政务服务平台。从服务标准来看，互联网政务服务难度较大，有些办事指南晦涩难懂，对文化水平和技术操作有一定要求，尤其给文化水平较低的群体带来极大的不便。

---

① 王培."互联网+"基层社会治理的创新路径研究:以安徽省芜湖市弋江区为例[J].内江科技，2020(6):120-122.

② 孟庆国.线上线下融合是政务服务创新发展方向[J].中国行政管理，2017(12):14.

六、芜湖市网络理政的路径探析

基于目前的网络理政的现状和难题，芜湖市想要快速“出圈”就要从“打造安徽‘智治’第二城”发力，切实做好“城市营销”。

（一）多方主体齐头并进，打造立体城市符号

1.政府：转变营销理念，从平台“出圈”到“出新”

政府相关部门作为城市营销的主导者，应该加强城市营销的意识，树立整体的营销观念，以营销的发展理念去管理和建设城市，借助媒体平台挖掘城市的内生力，打通线下与线上的壁垒，赋予城市“网红基因”，打造自身“IP”。

如网红“曹县”便是借助短视频平台而成功“出圈”，地方政府工作人员抓住契机及时进行推广宣传。人民日报等主流媒体、牡丹晚报等地方媒体都在第一时间对曹县的人文历史、地理资源等进行了全方位的报道。本应是“昙花一现”的意外“出圈”，在政府的关切下，曹县的热度节节攀升，而网民也从一种戏谑的狂欢转变为关注真实的曹县。由此可以看出地方官员敏锐的传播意识，能够在偶然的网络狂欢的媒介事件中迅速抓住营销机遇，从而将构建地方形象的主动权牢牢把握在自己的手中。曹县的走红案例给芜湖市的城市形象构建提供了一定的发展思路。“WUHOO，起飞！”借助近两年网络谐音梗带来的热度效应，芜湖在汇聚社会关注的同时，也用自身发展回应大众对“芜湖起飞”的期许。政府应借此机遇找准发展定位，做好后端发力工作，最大化延长其潜力和创造力。

2.企业：策划媒介事件，在“沉浸感”中强化记忆

若要推动城市形象传播，进一步提升城市知名度，就必须选择一些可以固化记忆点且可以促生裂变传播的城市符号与事件作为传播载体，将

"实践"与"仪式"进行融合，这也有助于"社会记忆"[①]的传承和建构。企业作为城市的重要符号，"借点发力"对其自身发展具有关键作用，例如可以在重大节庆、会展活动、大型会议等重大事件举办前，积极利用媒体平台预热造势，不断提高新闻舆论的传播力、引导力、影响力。如2021年12月28日，由芜湖市委宣传部、芜湖市文旅局、芜湖市经信局等部门协助和指导、奇瑞主办的以"欢乐芜湖QQ起飞"为主题的芜湖"Q乐节"暨奇瑞QQ冰淇淋上市发布会盛大开幕。此次活动展示了城市的文化底蕴，传递城市动态名片，无论是亲临现场的市民还是通过网络直播实时收看的观众，都纷纷被这声势浩大的场面所震撼。通过此次活动，以奇瑞汽车为代表的各企业运用科技全面直观地向民众展示了企业发展的先进成果，在扩大自身市场知名度的同时也加深了人们对芜湖城市的印象。

奇瑞汽车通过芜湖"Q乐节"活动的策划，全方位宣传了芜湖，让人们真真切切参与其中并形成属于这座城市的"集体记忆"。芜湖其他企业可以以此次奇瑞的活动策划为效仿案例，在推广自身品牌文化同时为构建芜湖良好城市形象助力。

3.个人：发挥民间力量，在自媒体平台实现圈层传播

数字时代，舆论话语权也呈现出扁平化特点，很多民众也可以利用自媒体表达出他们对城市发展的建议与希冀，特别是近年来，一些地方政府发现自媒体平台在构建美好城市过程中的巨大潜在优势。在"人人都是城市形象的建构者"的格局下，一些城市的"宝藏"之处逐渐被全国乃至世界熟知。

对于芜湖市城市形象的构建也应亦是如此，目前虽然芜湖政府也关注、吸纳了一些民间话语，但力度小、范围窄。政府对于民众参与城市形象构建的号召度不够，民众的个人影响力也没有得到充分发挥。在本次"您对芜湖社会治理的参与度如何？"的调查中，30%的人表示几乎没有参与，38.33%的人表示参与程度一般，20%的人表示参与度较高，11.67%的人表示参与度很高。芜湖市应持续抓住民间影响力、充分"引流"。同

① 康纳顿.社会如何记忆[M].纳日碧力戈，译，上海：上海人民出版社，2000:3.

时，政府也应鼓励支持自媒体创作者从小人物、小视角出发，运用视频博客、直播等新媒体形式全面展现百姓生活，将芜湖市充满生机活力的城市风貌全方位、立体化呈现，从小切口挖掘平凡但极具特色的城市文化符号。

（二）品牌推广多点发力，挖掘独具特色的城市元素

1.明确城市定位、增强市民自我认同感

打造城市名片需因地制宜、准确定位，这是打造品牌、增强城市认同感的基础。梅塔萨克斯曾强调，科学的城市定位应该是在深入考察城市历史、文化、区位和资源条件基础上，确定城市形象、城市未来发展目标和城市营销对象，并据此制定符合城市发展方向的战略和实施路径①。作为“长江巨埠、皖之中坚”的芜湖虽然拥有丰厚的客观优势条件，但与发达城市相比，芜湖城市形象的塑造与传播相对滞后，其深厚的文化底蕴并未被充分挖掘。要打造适合芜湖的城市定位，就必须紧抓芜湖历史、地理、科技发展优势，围绕诸如芜湖长江大桥、金鹰世界中心、松鼠摩天轮、芜湖轨道交通等重要元素设计城市符号，并把这些符号渗透到城市环境布局、景观设计与城市形象塑造之中，构成独具特色的芜湖城市精神理念系统，从而内化成提升城市永续发展的软实力。

2.挖掘本土文化载体，软性推广助力芜湖“起飞”

相对于“硬广告”，“软广告”更易被接受和传播，尤其是数字时代，软性的推广更易形成“爆点”带来“蝴蝶效应”。故立足本土、深挖有代表性的文化元素，如“美食”和“文旅”，这不仅是软性推广的表现，更是树立芜湖品牌、提升城市形象的内在要求。

芜湖作为千年古城，拥有天然的美食资源。虾籽面、蟹黄汤包、渣肉蒸饭、赤豆酒酿、平锅炒面……从南街、花街到长街再到太古公司、海关、教堂，形成了今天的临江美食商圈。如何利用“互联网+现有街区资

① 丁孝智.城市定位的逻辑：兼论肇庆在粤港澳大湾区建设中的城市定位问题[J].肇庆学院学报，2018(6)：1-10.

源”模式、挖掘美食街潜能，打造差异化特色文化元素成为芜湖发展的一个关键点。政府要充分加强与相关部门的合作，抓住芜湖美食品牌特色资源，结合线上线下宣传，让芜湖千年美食资源在新时代焕发新生机，促进芜湖经济发展。

文旅方面，芜湖作为滨江城市，山清水秀是其最大特色。而目前，芜湖在深挖文旅资源、打造文旅名片上仍存在一些问题。无论是美食还是旅游，各方力量仍需要合力打造城市软实力，将自然与人文相结合，让美食旅游成为地域文旅发展的新品牌。

（三）创建全媒数字矩阵，搭建全新“网治”体系

1.充分释放数字潜力，打造全面立体的传播矩阵

“网络理政”并非仅仅是将办事地点移至网络，而是要从生态上重新搭建全新、立体的“网治”体系。这一过程首要表现为全媒体数字矩阵的搭建。在维持原有宏大叙事和直接讲述的优势上，充分利用人们“听得懂、愿意听、好传播”的柔性方式，如将民间短视频“大V”融合进传播体系，促进平台聚合。在访谈中我们发现，人们对“网络参政”平台的选择更倾向于微信公众号（51.67%）和短视频（50%），也有人支持微博（38.33%）、地方政务官网（13.33%）、电视广播来电（5%），足以看出社交媒体在网络理政方面呈现出的生命力。需要注意的是，市民需求是多样化的，搭建“网治”体系时需要依据不同维度进行垂直划分、做好用户画像。用户画像是“自下而上”从主体出发的，它改变了以往“自上而下”的模式，如基于不同的类别，从地域、性别、年龄阶段、教育程度、行业特征以及使用场景等维度入手，找到核心用户。用户画像是一切手段执行的参照和基础并以此为据进行“开源”（即如何更有效地提高注册率、使用率、点击量、阅读量等）、“节流”（即防止用户流失，当功能无法满足用户需求时，应该思考如何提供更优质的服务以及如何进行流失召回）、“促活跃”（即搭建用户成长体系、建立用户激励机制，表现为用户的点赞、转发、评论等行为，要确保用户从入口到转化的渠道

顺畅且自然，同时确保用户行为的日常化和常态化）。其中，媒体矩阵要关注多种元素的调动、在保持高质量内容输出的同时进一步建立自身风格、增强辨识度。

2.树牢创新思维，打造科技和温情兼备的“数字政府”

全媒体数字矩阵和全新“网治”体系的搭建需要“数字政府”的顶层设计和全局掌控。这不仅是实施言论监管、做好信息维护的需求，也是对政府官员工作的实时监督、保持民意通畅及“集体治理”理念的回应。

“数字政府”不仅能大幅度解放劳动力、提高办公效率，也能基于用户画像和数据比对分析，挖掘信息间的隐性关联，更加便于政府决策。芜湖市抓住数字化时代机遇，加快绘制“数字芜湖”、智慧城市等领域的全新样本，但推进效果并不明显。在相关政府作为的诉求调查中，对“重视网络民意、事事有回应”，“建立与网民沟通的工作机制”，“建立一个便于网民登录、留言和查询的平台”的呼吁较高，这说明芜湖市政府在打造推广本地政务应用程序和便民服务公众号方面的工作中仍存在一定不足，未能让民众充分感受到数字化建设所带来的便利度与安全感。故芜湖需要紧密结合实际，积极创新实践，以数字技术破解社会治理难题，推动智慧城市建设与社会治理深度融合，提升市域社会治理科技支撑力。需要提及的是，技术的发展不能全面取代线下的政务服务，考虑到被技术“边缘化”的人群（如老人），需要线上线下双轨同步，在“数字政府”中寻求温度，如此才能更好地共绘安徽“智治”第二城的美好蓝图。

结　语

芜湖市近年来在“网络理政”方面积极作为，取得了不少亮眼的成绩。然而，如何利用数字赋能，在顺应时代趋势的同时又能基于城市优势，打造出独具特色的城市品牌，助力芜湖发展。本研究通过量化和质化相结合的综合研究认为，芜湖市需转变治理思维，从“多方主体齐头并进，打造立体城市符号；品牌推广多点发力，挖掘独具特色的城市元素；创建全媒数字矩阵，搭建全新'网治'体系"三个方面来开展并创新"网络理政"，方能充分发挥"数字政府"的主导优势、最大化释放数字潜能，为社会治理赋能增效。

深化街道管理体制改革 提升城市基层治理效能

陈鹏，吴功德①

市域社会治理是国家治理的重要组成部分，市域社会治理体系和治理能力现代化的水平直接关系到国家治理体系和治理能力现代化的水平。党的十九届四中全会通过的《中共中央关于坚持和完善中国特色社会主义制度 推进国家治理体系和治理能力现代化若干重大问题的决定》提出，要加快推进市域社会治理现代化。党的十九届五中全会通过的《中共中央关于制定国民经济和社会发展第十四个五年规划和二〇三五年远景目标的建议》强调，要加强和创新市域社会治理，推进市域社会治理现代化。市域社会治理的关键在基层，基层社会治理的关键在街道。作为市域社会治理的“最后一公里”，街道一端连着广大居民，一端连着区（县），在市域社会治理中具有承上启下的作用。街道办事处的运行效率、治理效能和风险化解能力，直接关系到市域社会治理的效能和质量，进而影响到国家治理体系和治理能力现代化目标的实现程度。街道行政管理体制和运行机制，是影响街道层级运行效率和治理效能的关键因素。在对街道行政管理体制和运行机制存在的问题进行系统梳理的基础上，采取有针对性的改革举措来化解街道层级面临的社会治理难题和社会治理风险，是提升城市基层治理效能和市域社会治理现代化水平的内在要求。安徽省芜湖市作为全国首批市域社会治理现代化试点城市，近年来高度重视市域社会治理工作，通

---

① 陈鹏：博士，安徽师范大学法学院副教授，硕士生导师，芜湖市社会治理研究院研究员；吴功德，管理学硕士，现任职于安徽省人事考试院，主要研究方向为机构编制管理和人才测评。本案例为芜湖市社会治理研究院2022年度调研课题“芜湖市编办深化街道管理体制改革 提升城市基层治理效能”（编号WHSHZL2022001）的成果。

过深化街道管理体制改革，提升城市基层治理效能，不仅探索出街道体制改革的芜湖模式，更为市域社会治理现代化水平的提升提供了有力的体制支撑和机制保障。

一、街道管理体制改革面临的现实难题

改革开放以来，伴随城市空间的不断扩大，城市常住人口规模的快速增加，县级市数量不断增长，街道的数量也不断增多，由街道党工委和街道办事处构成的街道管理体制在城市管理中发挥着越来越重要的作用。近年来，我国的街道行政管理体制在变革中不断完善，为基层社会治理效能提升和城市治理绩效改善提供了有力的支撑，但街道层级的行政管理体制在街道自身的职责和功能定位、内部机构设置、权力和责任边界划分、资源配置权限等方面仍存在一些问题，制约了城市基层治理效能的提升。

（一）街道办事处的职责和功能定位较为模糊

街道是与乡镇平级的行政管理层级。与乡镇设置党委、人大、政府等机构不同，街道的管理机构主要是街道党工委和街道办事处。其中，街道办事处不是一级政府，而是地级市辖区政府和不设区的市政府的派出机关[①]。1954年12月31日，全国人民代表大会常务委员会第四次会议通过了《城市街道办事处组织条例》。依据该条例的规定，为了加强城市的居民工作，密切政府和居民的联系，市辖区、不设区的市的人民委员会可以按照工作需要设立街道办事处，作为它的派出机关。而街道办事处主要承担办理市、市辖区的人民委员会有关居民工作的交办事项，指导居民委员会的工作，反映居民的意见和要求等任务。《城市街道办事处组织条例》虽然已于2009年被废止，但街道办事处作为区级（不设区的市）政府的派出机关依然存在，并且其所实际承担的职责已完全超越了密切政府与居民之间

① 注：也有一部分县设置了街道，然后设立作为县政府派出机关的街道办事处来负责管理街道行政事务。

联系的定位，街道办事处除了要承担社会治理、公共服务、综合管理、维护基层社区平安稳定等职能外，还要承担推动经济发展、生态环境保护、安全生产、招商引资、食品药品安全监管、重大传染性疾病防控等职责，但街道办事处在城市治理中究竟应该承担哪些职责、到底应该发挥何种功能尚未有明确界定。

（二）街道办事处内部的机构设置不够简约和高效

由于街道办事处是市辖区和不设区的市政府的派出机关，而非一级政府，因此，并没有相对应的组织法来规范和约束其内部机构设置，这致使我国绝大部分地区街道办事处内部机构设置的规范性相较于乡镇政府而言要低一些。考虑到我国东中西部经济社会发展水平和发展阶段存在一定的差异，同一区域内部不同类型的城市所处的发展阶段和发展水平也不尽相同，不同城市的街道办事处、同一城市内部不同地区的街道办事处所承担的职责和所具有的功能也不尽一致，加之不同的街道办事处所管辖的人口规模和空间大小也存在一定的差别，因此街道办事处内部机构的设置很难做到也不需要做到完全统一。在充分考虑街道辖区内的人口规模、空间大小、街道特点的基础上，依据街道实际工作需要来设置精简高效的街道办事处机构，是提升街道层级行政管理体制运行效率和城市基层治理效能的内在要求和重要保障。但在现实工作中，我国很多地区在设置街道办事处的内部机构时，并没有综合考虑到各街道办事处辖区内的人口规模、空间大小、单位类型、企业数量、街道特点和实际工作需要等因素，部分街道办事处存在内部机构数量设置过多、街道办事处内设机构与区政府职能部门在街道层面设置的分支机构重叠、运行效率较低等问题。

（三）街道办事处与区级政府职能部门之间的权责边界不清

作为一级地方政府，乡镇政府的职权和职责由《中华人民共和国地方各级人民代表大会和地方各级人民政府组织法》予以明确规定，乡镇政府与县级政府职能部门之间的权责边界相对较为清晰。而自2009年《城市街道办事处组织条例》被废止后，街道办事处所拥有的职权和职责并没有通过具体的法律法规来明确。相应地，街道办事处与区政府、不设区的市政府等职能部门之间的权责边界也很难清晰地划定。在城市基层治理实践中，区政府、不设区的市政府等政府的部分职能部门会以推动社会治理重心下移的名义，将本应该由政府职能部门承担的职责推给街道办事处，而相应的管理和考核权限、人员编制和经费预算等却仍然由相关政府职能部门掌握。更有甚者，有的政府职能部门通过直接下派、自行发文等方式将本部门的法定职责和工作任务转嫁给街道，不是一级政府的街道办事处基本也无力抵制相关政府职能部门的职责和任务转嫁行为，街道办事处权小责大和相关政府职能部门权大责小或有权无责现象并存的问题在城市基层治理实践中较为常见。

（四）街道办事处缺乏与所承担职责相对应的治理资源和力量

近些年来快速推进的城镇化进程，使得我国的大多数城市，特别是超大城市和特大城市的人口规模迅速扩大，城市空间不断扩张，但街道办事处的数量并未随之明显的增加，这导致街道办事处所管辖的人口数量激增，人口密度不断增大。越来越多的街道办事处辖区内的常住人口数量超过十万人，有的街道办事处所管辖的常住人口规模甚至达到几十万人，街道办事处所面临的治理任务和治理难题越来越多，现实和潜藏的治理风险也在不断累积。在社会治理重心不断下移的背景之下，面对治理难度不断增大、治理任务日渐增多和治理风险不断累积的城市基层治理现实，需要赋予街道办事处以相应的治理资源和人员经费，以确保街道办事处能有效地处理好城市基层治理事务，提升市域社会治理效能。但在城市基层治理中，作为市辖区政府或不设区的市政府的派出机关的街道办事处，在城市基层社会治理资源的配置上缺乏主导权，政府用于基层社会治理的资源、人员编制和经费的配置权主要掌握在市辖区或不设区的市政府的职能部门手中，权随责走、人随事动、费随事转的基层社会治理资源配置格局尚未形成。

二、芜湖市深化街道管理体制改革、提升城市基层治理效能的做法

市域在国家治理和社会治理中具有极其重要的地位。中央政法委秘书长陈一新同志在第一次全国市域社会治理现代化试点工作交流会上发表的重要讲话中指出，要着眼把重大矛盾风险化解在市域，把市域打造成社会治理的“前线指挥部”。城市基层管理体制与市域社会效能提升之间存在密切的关联。党的十九届三中全会把构建简约高效的基层管理体制作为深化党和国家机构改革的重要内容并作了专门部署。2019年，中共中央办公厅、国务院办公厅印发了《关于推进基层整合审批服务执法力量的实施意见》，明确了推进基层治理体制改革的总体要求、工作目标和主要任务。2021年，中共中央、国务院印发了《关于加强基层治理体系和治理能力现代化建设的意见》，对完善党全面领导基层治理制度、加强基层政权治理能力建设等提出了新要求。街道是城市管理和社会治理的基础，在城市基层治理中发挥着不可替代的中枢作用。2019年以来，芜湖市以加强党对城市基层治理的全面领导为抓手，持续深化开展街道行政管理体制改革，不断推进基层治理体系和治理能力现代化建设，为芜湖市域社会治理现代化水平的提升提供了有力的支撑。2021年初，此项工作受安徽省委编办通报表扬。

（一）聚焦主责主业，明确街道党工委和街道办事处职能定位

科学合理界定街道职能，是街道管理体制改革的核心问题。为推动街道党工委聚焦主责主业，集中精力抓党建、抓治理、抓服务，需严格界定街道党工委和街道办事处的主要职责。明确街道党工委是区委派出机关，根据区委授权，在街道各种组织、各项工作中发挥领导作用；街道办事处是区政府派出机关，履行相应的政府服务和管理职能。推动街道逐步把工作重心转移到加强党的建设、统筹辖区发展、组织公共服务、推进基层自

治、实施综合管理、维护平安稳定等工作上来。同时根据不同类型街道特点，科学确定职能定位，如涉农街道，更加突出其助力乡村振兴、农业农村现代化等职能。街道管理体制改革后，街道的功能定位更加准确，职能职责科学化水平实现新突破。

（二）聚焦简约高效，根据街道规模和实际完善组织架构

优化完善街道组织架构，是街道管理体制改革的基础工程。街道管理体制改革按照精简、统一、效能的原则，根据街道规模、特点和实际工作需要展开，各街道原则上统一设置六个内设机构，其中党群工作办公室设置实现全覆盖。各区可根据实际增设不超过两个内设机构，规模较小的街道可适当精简。事业单位统一设置为民服务中心、网格化服务中心（综治中心）。推进编制资源向基层一线倾斜，街道编制单列统计、专项使用，严控从街道向区直单位“逆向”调整编制。各街道明确一名专职委员负责党建工作。街道管理体制改革后，芜湖市各辖区的街道组织架构更加优化，以党建为统领的基层治理体系进一步完善。

（三）聚焦权责一致，厘清街道与区直部门之间的权责边界

厘清街道与区直部门之间的职责边界，是街道管理体制改革的关键环节。近年来，各区以深化清单制度体系建设为抓手，不断完善街道清单制度。各街道严格按照已公布的权责清单和公共服务清单履行职责，同时全面梳理街道承担、协助完成的权责清单和公共服务清单之外工作事项，建立街道工作事项清单，严格事项准入机制，清单之外确需街道承担、协助完成的工作事项，严格按程序报批。在街道开展优化镇街权责清单，厘清县乡职责边界工作，建立街道配合事项清单，明确街道主体责任与配合责任，区各部门不得通过直接下派、自行发文等方式将本部门法定职责、工作任务转嫁给街道。交由街道完成的事项，需充分考虑街道的承接能力，并按照“费随事转、责权一致”原则，同步做好经费等方面的保障工作。改革后，区街职责边界更加明晰，基层工作负担持续减轻。

（四）聚焦统筹协调，畅通“街道吹哨、部门报到”工作机制

顺畅的区街联动机制，是街道管理体制改革的重要纽带。改革不断强化街道统筹能力，发挥街道在推进辖区综合管理工作中的协调作用，依托芜湖市网格化综合管理平台，构建“街道吹哨、部门报到”区街联动工作机制。对辖区内职责交叉、需多部门协同解决的综合管理问题事项，街道可以召集由市、区职能部门及其派出机关参加的联席会议，按照职责就近、管辖有利的原则，商定一个或多个处置单位。对需要联动联勤的综合管理事务，街道可以协调市、区相关职能部门及其派出机关开展联合处置，相关职能部门及其派出机关要听从街道的统一组织协调。制定“街道吹哨、部门报到”工作办法、考核办法及巡查制度，建立“街道吹哨、部门报到”事项清单，健全联合执法机制。街道管理体制改革后，区街联动更加便捷，街道统筹协调能力大幅提高。

（五）聚焦赋权增能，强化街道综合管理权限和职责

赋予街道综合管理权限，是街道管理体制改革的有力保障。改革之后，街道在开展区域内城市管理、社会治理、安全管理等地区性、综合性、群众性公共事务工作时，对市、区相关职能部门及其派出机关实施统筹协调、考核督办。不断拓宽街道综合管理问题发现渠道，对于出现的综合管理问题，由各街道网格化服务中心（综治中心）“一口受理、分类处置”。对于下沉街道的各类执法、管理和辅助队伍，以及相关作业力量，按照“区属、街管、街用”原则，由街道统筹，职能部门加强对队伍的工作指导和业务培训。对于暂不宜下沉至街道，实际工作又与街道联系紧密的职能部门派出机关，安排专门力量常驻街道。加大街道、社区和群众满意度在考核评价指标中的权重，街道评价权重不低于30%。区级职能部门派出机关连续两年考核等次达不到“良好”的，街道可对其负责人提出人事调整建议。街道管理体制改革后，市辖区街道的综合管理工作更加高效，基层管理服务效能得到有效提升。

三、芜湖市街道管理体制改革的经验启示

城市基层治理是市域社会治理的重要组成部分，城市基层治理体系和治理能力的现代化是市域社会治理现代化目标实现的重要基础。作为全国市域社会治理现代化试点城市，近年来芜湖市通过明确街道党工委和街道办事处的主责主业，构建简约高效的街道管理体制，厘清街道与区直部门之间的权责边界，构建和畅通“街道吹哨、部门报到”工作机制，强化街道综合管理权限和能力等一系列街道管理体制改革举措，使得城市基层治理效能得到显著提升，探索出一条以街道管理体制改革为切入点推动市域社会治理体系现代化、以城市基层治理效能提升为抓手推动市域社会治理能力现代化的市域社会治理模式。回顾近些年来芜湖市街道管理体制改革的做法及其取得的成效可以发现，科学合理地界定街道党工委和街道办事处的职能是提升基层社会治理效能的基本前提，依据街道特点和工作实际需要构建精简灵活高效的街道办事处是提升基层治理效能的内在要求，强化街道的综合管理权限和能力是提升基层治理效能的重要保障，赋予街道办事处在城市基层社会治理资源配置上的主导权是提升基层治理效能的坚实支撑。

（一）科学合理地界定街道党工委和街道办事处的职能是提升基层社会治理效能的基本前提

街道在市域社会治理中具有承上启下的作用，对上连接着区政府，对下连接着城市居民。街道不是也不可能是全能的，其有着不同于乡镇政府的功能定位。在市域社会治理现代化工作的重要性日渐凸显的当下，街道的工作重心应该从之前的以招商引资、实现经济增长为主，转变为以综合管理和公共服务为主。一方面，街道要代表区政府做好街道辖区的综合管理工作，确保公共秩序安全和社会稳定是街道的重要职责。另一方面，为辖区内的居民提供优质的公共服务，不断提升公共服务供给水平和质量也

是街道的重要任务。

（二）依据街道特点和工作实际需要构建精简灵活高效的街道办事处是提升基层治理效能的内在要求

不同城市的街道、同一城市内部不同地区的街道，在人口规模、空间大小、居民结构、街道特点等方面通常会有一定的差异，街道办事处在设置内部机构时，既要坚持统一性和原则性，统一设置部分机构，也要坚持灵活性，依据街道特点和实际工作需要来自主设置一定数量的机构。同时，无论是统一设置的机构还是自主设置的机构，都要坚持精简的原则，能合并设立的要合并设立，党工委机构和街道办事处机构能够合署办公的要合署办公，严格控制编制使用，将节约下来的编制和优化出来的编制用于综合管理执法和公共服务保障部门。

（三）强化街道的综合管理权限和能力是提升基层治理效能的重要保障

综合管理是街道的主要职责之一，无论是社会治理重心的下移，还是属地管理体制的确立，都要求街道要切实履行好自身的综合管理职责。条块分割的行政管理体制，不利于街道综合管理职责的履行。针对条线垂直管理和街镇属地管理缺乏联动、信息屏蔽、难以形成长效合力的问题，需要注重将“条条”部门的专业管理与“块块”部门的属地管理优势相结合，实行“条块联动、块抓条保、属地统领、捆绑考核”的属地化条块联动管理模式。

（四）赋予街道办事处在城市基层社会治理资源配置上的主导权是提升基层治理效能的坚实支撑

改革开放以来，我国的城镇化进程在工业化浪潮的驱动下不断加快，城镇常住人口规模不断扩大，城市空间人口密度显著提高，街道办事处所担负的社会治理任务日渐繁重。党的十八大以来，伴随党中央和国务院对于基层社会治理和市域社会治理重视程度的不断提高，国家投入到城市基层的治理资源也日渐增多。城市基层治理资源的增多，为城市基层治理效能的提升提供了可能性，而要将这种可能性转变为现实性，就必须要使街道办事处在城市基层社会治理资源的配置上拥有主导权，按照“区属、街管、街用”原则，强化和提升街道的统筹协调能力，以此来为基层治理绩效改善和市域社会治理效能提升提供坚实的支撑。

芜湖市鸠江区实施“四大工程”构建“我们是一家人”社区治理新模式

芜湖市鸠江区民政局，陈鹏[①]

近年来，为进一步提升社区治理水平，加快推进社区治理体系和治理能力现代化，芜湖市鸠江区制定出台了《关于构建“我们是一家人”社区治理新模式的实施方案》，全面启动“我们是一家人”社区治理新模式试点社区创建活动。“我们是一家人”社区治理新模式以平安、向善、包容、共享为理念，以“家人共治”“家风共树”“家事共商”“家园共建”四大工程为抓手，运用社会化、法治化、智能化、专业化方式，着力推进基层民主，培育多元治理主体，提升社区治理能力，打造共建共治共享的社区治理格局。回顾芜湖市鸠江区“我们是一家人”社区治理新模式的实践历程，总结“我们是一家人”社区治理新模式的成功经验，有助于在市域社会治理实践中更好地化解社区治理难题、降低社区治理成本、提升社区治理效能。

一、探索构建“我们是一家人”社区治理新模式的背景

芜湖市鸠江区横跨长江两岸，面积820平方千米，户籍人口58万人，江南片属于较为成熟的芜湖市主城区，江北片属于正在开发的芜湖市城区。全区共109个社区，其中城市社区18个、村改居社区35个、农村社区56个。信息技术快速发展、市场经济高速推进和多元化社会的日益彰显，

① 陈鹏：博士，安徽师范大学法学院副教授，硕士生导师，芜湖市社会治理研究院研究员。本案例为芜湖市社会治理研究院2022年度调研课题“芜湖市鸠江区实施‘四大工程’构建‘我们是一家人’社区治理新模式”（编号WHSHZL2022002）的成果。

对社区治理提出了更高要求。社区现有的公共服务难以满足居民多样化、专业化、个性化的需求；社区居民对社区的认同感、归属感不强，社会协同和公众参与层次不高，社区共建共治共享、良性互动的局面尚未形成；城乡区域发展不平衡；等等，这些问题亟待解决。党的十九大报告明确提出，为打造共建共治共享的社会治理格局，要加强社区治理体系建设，推动社会治理重心向基层下移，发挥社会组织作用，实现政府治理和社会调节、居民自治良性互动。为深入学习贯彻党的十九大精神，破解社区治理难题，推进鸠江区社区治理体系和治理能力现代化建设，提升社区治理服务水平，打造共建共治共享的社区治理格局，鸠江区制定出台了《关于构建“我们是一家人”社区治理新模式的实施方案》，并将其纳入区全面深化改革项目重点推进，在全区范围内开展“我们是一家人”社区治理创新活动。

二、“我们是一家人”社区治理新模式的构建过程

2018年以来，芜湖市鸠江区按照“试点先行，稳步推进”原则，开始在全区范围内开展“我们是一家人”社区治理创建活动。芜湖市鸠江区民政局按照“自主申报，逐级审核”原则，在下辖的镇和街道中遴选出14个社区，开展“我们是一家人”社区治理试点社区创建活动。在“我们是一家人”社区治理新模式的实践过程中，鸠江区聚焦平安、向善、包容、共享理念，以“家人共治”“家风共树”“家事共商”“家园共建”四大工程为抓手，推进基层民主，培育多元治理主体，提升社区治理能力，打造共建共治共享的社区治理格局。

（一）聚焦平安，实施“家人共治”工程

在实施“家人共治”工程的过程中，鸠江区以网格党支部为引领，构建驻区单位、居民代表、楼栋长共同参与的联防联动机制，开展救护技能、应急避险培训。建立以“两代表一委员”、律师、热心居民等为主体

的矛盾纠纷调解组织，积极化解矛盾纠纷 。一是做到治安防控全覆盖。社区安全是社会稳定和谐的基础。鸠江区加强人防、物防、技防建设，在重点区域、部位安装视频监控，观岚、万春、清苑社区实现视频监控全覆盖，把治安防范措施延伸到群众身边，发动社会力量和广大人民群众共同查看视频监控，共同参与治安防范，联防联治全参与。党员志愿者、“五老”（指老党员、老干部、老战士、老专家、老教师）人员、楼栋长等组成“红袖标”“红细胞”等治安巡防群防群治队伍，开展看楼护院、邻里守望、联户联防等自防自治活动。二是减灾防灾全动员。社区以争创综合减灾、地震安全示范社区为契机，结合“世界气象日”“全国防灾减灾日”“安全生产月”等宣传主题，组织居民参与救护技能培训、应急避险演练，进一步增强居民应对自然灾害、事故灾难、公共卫生事件、社会安全事件的预防处置能力。三是矛盾纠纷全处置。培育社区矛盾纠纷多元调解服务类组织，建立了“老陈调解室”“老党员调解室”等社区社会组织参与社区矛盾化解，建立矛盾纠纷调解专家库，开展“律师进社区”活动，健全“两代表一委员”参与矛盾纠纷化解工作制度，基本实现小事不出社区，大事不出镇街。清苑社区有这样一群老党员，他们“活跃”在社区，以“奉献不言老、我心向党徽”的理念在各自擅长的领域发挥着独特的作用，他们工作的地方——老党员调解室，经常有居民进进出出。老党员调解室自成立以来，为群众解决供水供电、物业管理、私搭乱建、噪音扰民等许多方面的实际问题。

（二）聚焦向善，实施“家风共树”工程

在“家风共树”工程实施过程中，鸠江区在多个社区建立道德讲堂，以社会主义核心价值观为主题每月开展宣讲，评选社区道德模范，形成崇德向善的社区精神。定期开展“芳园一家”“亲馨睦邻”等主题邻里文化节系列活动，让居民从“小家”走进“大家”，帮助困难群众建立档案，定期开展帮扶。具体措施如下：一是用社会主义核心价值观引领社区文化建设，把“同在一方热土，共建美好家园”“同在社区住，就是一家人”

理念注入社区文化建设。二是社区以道德讲堂、好人评选、最美志愿者、最美家庭评选等活动为载体，在辖区内大力宣传身边的好人好事，涌现了中国好人、安徽好人陶兴发，市级好人晋入有、汪保珠、骆国英等，区级好人凌光俊、李文磊、张卫东等，用身边事教育身边人。三是发挥文化凝聚人心的教化作用，广泛开展以“我们是一家人”为主题的邻里文化节等系列活动，带动居民积极参与到社区文体活动中来。四是深化小区、楼栋的睦邻点建设，形成星辰社区“芳园一家”、清苑社区“亲馨睦邻”、万春社区“红色楼栋”等特色邻里文化品牌。五是组织以新乡贤为主要成员的“道德评议会”“村民议事会”“禁赌禁毒会”“红白理事会”，开展“四会最美会长”带头人评选表彰活动，充分发挥乡贤在社会中的思想文化教育、社会矛盾化解、公共事务决策、群众创业致富、乡风文明督导和慈善公益等方面作用。六是开展村规民约和居民公约修订、评比，引导民风民俗向善向好，弘扬向上向善、孝老爱亲、勤俭持家等优良传统，推进移风易俗，抵制封建迷信、陈规陋习，倡导健康文明绿色生活方式等，推动基层德治、自治、法治。

（三）聚焦包容，实施“家事共商”工程

《中共中央 国务院关于加强和完善城乡社区治理的意见》强调，要提高社区居民议事协商能力，凡涉及城乡社区公共利益的重大决策事项、关乎居民群众切身利益的实际困难问题和矛盾纠纷，原则上由社区党组织、基层群众性自治组织牵头，组织居民群众协商解决。支持和帮助居民群众养成协商意识、掌握协商方法、提高协商能力，推动形成既有民主又有集中、既尊重多数人意愿又保护少数人合法权益的城乡社区协商机制。在实施“家事共商”工程中，鸠江区通过下述三个方面的行动来构建富有包容性的社区治理体制。一是搭建社区议事厅、党群议事点、党员会客厅、议事之家、楼门议事点、村民理事会等多种协商平台，按照规范程序积极开展社区协商。倾听新声音，畅通信息收集渠道，广泛建立QQ群、微信群等网上议事协商平台，让新媒体中的各类嘈杂的声音转变成有序亲和的

“网上有家”。二是培育社区治理新主体。动员和吸纳驻区单位、社会组织、业委会、物业服务企业、社会贤达人士等参与社区协商，推动基层民主自治，实现群众依法自我管理、自我服务、自我教育、自我监督。三是认真运用落实协商成果，成功开展清水街道万春社区“小区广场改造”，湾里街道华强社区“整治小区地下车库”，湾里街道金湾社区“金湾小区乱象整治”“老村庄环境改造”等协商案例，切实解决群众身边急需解决的热点和难点问题，让群众感受到民主权利、享受到协商成果，有真正的获得感。在社区协商机制的运作下，各级力量积极建言献策，居民意见成为主导意见，历时一年，许多社区就来了个大变样。大家纷纷点赞：社区协商，给我们老百姓办了好事、实事。

（四）聚焦共享，实施“家园共建”工程

一是发挥社区党组织的领导核心作用，加强服务型党组织建设，推动整合社区资源。联席会议共商，社区不定期组织辖区物业、业委会、居民代表、党员代表、驻辖区单位召开联席会，沟通交流当期工作和辖区居民亟待解决的问题，协调落实社区建设、管理、服务等事项。社会组织共建，发挥社区社会组织协同作用，依托社工、社会组织、社会工作、社区志愿者、社会慈善资源，推动“五社联动”工作机制。自2019年以来，芜湖市鸠江区先后拿出160余万元，开展区级第一届、第二届公益创投，30个公益项目成功立项，涉及为老服务类、儿童关爱类、和谐建设类、乡村振兴类和其他服务类等。二是积极发挥社会组织在社区治理中的协同作用，不断激发社区居民参与社区治理活动的积极性，由社区党委牵头，挖掘社区骨干，助推成立民间社会组织，依托专业社工传、帮、带、教的作用对社会组织进行培育，提升民间社会组织服务居民的实务能力。到四褐山街道管山社区你会看到一群“特殊”的孩子，他们都是些智残儿童，每天这群孩子都会到社区报到，因为这里是他们的“阳光家园”。社区通过区级公益创投项目，邀请皖南医学院志愿者为他们提供心理辅导，建立心理档案，开展帮扶服务等，这些孩子们变得活泼、开朗了，笑容也多了。

金湾、清苑、万春、四湾、华强等社区依托市、区公益创投，“三社联动”项目，实施“党群一家亲”帮帮乐项目、“爱邻联盟”、“我们是一家人”等服务项目，开展科普关爱到家、文化、娱乐、教育、为老活动等系列志愿服务活动，打造了“七色彩虹”“滨江玫瑰”“向阳花开”等志愿服务品牌，推进社区治理创新不断走向深入。在新冠疫情防控中，社区志愿服务组织积极投身防控一线开展服务，为全区的疫情防控工作贡献了力量。

三、“我们是一家人”社区治理新模式的主要做法

（一）强化统一领导，提供组织保障

鸠江区委、区政府高度重视“我们是一家人”社区治理工作，将其列入区委区政府重点工作和深化改革重点事项任务来抓，建立健全党委统一领导、各部门分工负责、多元主体广泛参与的领导体制和工作机制，各有关部门加强协调配合，形成工作合力，及时研究解决工作中出现的困难和问题。鸠江区民政局牵头，会同区委组织部、区综治办、区文明办等有关部门认真做好“我们是一家人”社区治理工作的指导和督促落实。各镇街成立以党（工）委书记为组长的工作小组，明确分管领导具体抓，每月一调度，层层抓落实，扎实推进“我们是一家人”社区治理工作。

（二）强化多元投入，提供资金支持

为保障“我们是一家人”社区治理创建活动开展，建立区、镇街两级专项资金。2018年，区级设立专项资金500万元，用于社区以奖代补。各镇街在落实社区工作经费的同时，另设立社区治理专项资金，全力保障社区开展工作。同时，各社区积极引导社会资金和群众自筹资金投入社区发展治理，调动社区居民积极性，共同推进社区发展。

（三）强化队伍建设，提供人才支撑

鸠江区以换届选举为契机，将那些素质高、能力强、年纪轻、作风扎实、热心社区公益事业的优秀人才吸纳到了村（居）委员会，为社区治理提供人才保障。同时，积极鼓励社区工作者参加全国社工职业水平考试，并落实社工职称待遇，对获得社工师和助理社工师职称的人员每月分别增发职称补贴。截至2022年6月，全区取得全国社会工作师职业资格的人员达到287人，持证率近30%，社区工作人员专业化、职业化、本土化水平逐步提高。积极拓宽社区工作者上升渠道，近几年来已从优秀社区“两委”负责人中选拔了7名公务员。

（四）强化社会协同，助推多方参与

自2019年以来，鸠江区积极开展区级“公益创投”项目和“三社联动”试点社区建设，积极引进社会力量，购买专业社工机构进驻社区，指导社区搭建平台、培育孵化社区社会组织、整合社区资源，探索设立社区治理基金、成立社区治理学院和开展微公益创投活动等，推动建立社区与社会组织、社会工作者、社区志愿者、社会慈善资源的联动机制。截至2021年底，全区培育发展专业社工机构10多个，各类社会团体81个，民办非企业193个，登记各类社区社会组织20多个，备案登记社区社会组织600多个，各类志愿服务组织340余个，志愿者人数达70000余人。鸠江区清水街道万春社区、四褐山街道四湾社区积极探索，先后成立社区基金，募集资金开展公益服务。社区通过链接周边企业、单位资源，打造党建联建共建圈，为社区提供场地、资金、志愿者、物资等多方资源。通过这些组织整合社会资源，改变过去在社会治理中政府唱“独角戏”的现象，社会力量参与社区治理，实现了社区治理主体协同化。通过设立社区发展公益金，梳理社区公共问题，以项目运作方式解决问题，满足广大居民需求，提高社区居民组织化参与社区治理的程度。

四、“我们是一家人”社区治理新模式取得的实效

（一）社区治理机制更加完善

通过“我们是一家人”社区治理新模式的构建，芜湖市鸠江区逐步建立了党建引领、多方参与、协商共治、“三社联动”的基层社区治理机制。在党建引领、多方参与、协商共治、“三社联动”的基层社区治理机制的推动下，鸠江区社区治理实现了以下三方面的转变：在社会层面实现了资源运用从“单一定向”向“多元规模”转变；在社区层面实现了社区居委会跳“单人舞”、唱“独角戏”到社会力量参与“共舞”“大合唱”的转变；在居民层面实现了从“旁观者”到“参与者”，从“局外人”到“责任人”的转变。

（二）社会力量参与社区治理的热情显著提升

通过社区协商、“三社联动”，广泛吸纳驻区单位、社会力量、专业人士和乡贤人士参与社区事务，实现社区自治组织治理力量趋向多元化，推动社区自治组织自我管理、自我服务、自我教育、自我监督能力不断提升，增强了群众对社区的归属感和认同感，聚合了社会多方力量参与社区治理。同时，通过文化引领，邻里互助，邻里之间实现了由“陌邻”变“睦邻”的转变，形成“同在社区住，就是一家人”的良好社区氛围。

（三）社区自治活力得到有效的激发

通过完善基层社区自治组织网络，制定村（居）民公约，设立村（居）民代表会议、村民理事会会议等，调动了城乡居民参与社区治理的积极性，进一步增强了基层社区自治活力，实现了由“为民做主”到“以民为主”的转变。同时，由“五老”“乡贤”等组成的调解组织，充分利用其成员的威望、道德品质、生活经验、人际网络等“社会资本”参与社

区居民纠纷调解，普及和睦共处精神，引领社会治理。通过引导社会组织健康发展，发挥其协同作用，推动居民组织化参与，让居民充分感受到“社区是我家，治理靠大家”，真正激发了社区自治活力。

（四）形成了一批社区治理示范社区

通过实践“我们是一家人”社区治理新模式，芜湖市鸠江区的社区治理水平显著提升，形成了一批治理示范社区。如四湾社区秉持“党建引领、公益先行”的理念，通过“一站、两工、三社、四学、五联动”的工作方法开展服务，并探索成立与芜湖本土基金会合作的社区公益基金会，建立居民需求收集与解决机制、社会组织培育机制、人才队伍培育机制和“3+1”沟通联络机制，形成共建共治共享的社区治理格局。万春社区以专业社会工作服务为支撑，以盘活社区基金为目标，通过“微公益创投活动”“微社区治理学院”“微社区基金”的“三微”社区治理模式，推动形成社区与社会组织、社会工作者、社区志愿者、社会慈善资源的联动机制，努力建成“人人有责、人人尽责、人人享有”的社会共同体。

五、“我们是一家人”社区治理新模式的经验启示

《中共中央 国务院关于加强和完善城乡社区治理的意见》指出，城乡社区是社会治理的基本单元。城乡社区治理事关党和国家大政方针贯彻落实，事关居民群众切身利益，事关城乡基层和谐稳定。芜湖市鸠江区在社区治理实践中探索出的“我们是一家人”社区治理新模式，有力地降低了社区治理成本、提升了社区治理效能。“我们是一家人”社区治理新模式的创建历程充分说明，基层政府和社区要敢于在国家社区治理顶层设计的指导下积极探索社区治理的新模式，社区治理效能的提升有赖于深度挖掘和充分利用社区内生治理资源，要充分发挥社区社会组织在社区治理中的重要作用。

第一，基层政府和社区要敢于在国家社区治理顶层设计的指导下积极

探索社区治理的新模式。城乡社区治理体系和治理能力的现代化是国家治理体系和治理能力现代化的重要组成部分。城乡社区治理现代化水平的提升，既离不开党中央和国务院关于城乡社区治理顶层设计的指导，也需要基层政府和社区在社区治理顶层设计的指导下，立足于各自社区治理实际，积极地探索城乡社区治理新模式，社区治理顶层设计和社区治理模式基层探索的有机互动是推动城乡社区治理现代化的内在要求和重要保障。“我们是一家人”社区治理新模式正是芜湖市鸠江区立足于辖区内的城乡社区实际，在党中央和国务院关于城乡社区治理顶层设计的指导下积极探索出的成果。

第二，城乡社区治理效能的提升有赖于深度挖掘和充分利用城乡社区内生治理资源。城乡社区治理是一项复杂的系统性工程，需要投入相当数量的人力、物力和财力。城乡社区治理难题的化解和城乡社区治理效能的提升，既有赖于上级政府在人力、物力和财力上的投入，也需要深度挖掘和充分利用城乡社区内生治理资源，激发广大社区居民参与社区治理的主动性、积极性和创造性，有效发挥村规民约、乡规民约等在协调社区居民关系、化解社区治理难题和提升社区治理效能等方面的积极作用。芜湖市鸠江区构建的“我们是一家人”社区治理新模式，高度重视发挥“五老”“乡贤”在社区治理中的重要作用，充分利用“五老”“乡贤”的威望和道德品质来普及和睦共处精神，营造良好的社区治理氛围。以新乡贤为主要成员的“道德评议会”“村民议事会”“禁赌禁毒会”“红白理事会”等组织在社区治理中发挥了十分重要的作用，有效地节约了城乡社区治理成本。

第三，要在基层党组织的领导下充分发挥社区社会组织在城乡社区治理中的重要作用。《中共中央 国务院关于加强和完善城乡社区治理的意见》指出，要统筹发挥社会力量协同作用。推进社区、社会组织、社会工作“三社联动”，完善社区组织，发现居民需求，统筹设计服务项目，支持社会组织承接、引导专业社会工作团队参与的工作体系。社区社会组织拥有一定数量的专业的社会工作者，可以在也应该在城乡社区治理中发挥重要的作用。芜湖市鸠江区构建的“我们是一家人”社区治理新模式，坚持在基层党组织的领导下，以公益创投项目为载体，充分发挥社区社会组织在化解社区治理难题、提升社区治理专业化和精细化水平等方面的重要作用，为社区治理现代化水平的提升提供有力的智力支撑。

芜湖中院创新“区块链+诉源治理”工作机制 从源头防范化解金融纠纷

余秋莉[①]

在全面推动社会治理现代化尤其是市域社会治理现代化的背景下，各地、各部门、各领域开始纷纷转变工作思路、创新工作机制、优化工作系统，力图在充分发挥自身潜力的基础上打造一套集具智能、高效、联动等特点于一体的现代化治理模式。然而，由于社会发展的复杂多样、各群体间的利益关联及地域环境限制等复杂因素，要想全面而彻底地推进社会治理现代化并非易事，在改革发展过程中势必会遇到各方面的瓶颈和障碍。如何突破这些瓶颈和障碍从而成功构建起一个可资借鉴的创新工作机制，就成为推进市域社会治理现代化过程中亟须研究的一个重课题。以下笔者将围绕芜湖中院建立的“区块链+诉源治理”工作机制，介绍芜湖市在司法领域积累的社会治理现代化经验。

一、芜湖中院创新“区块链+诉源治理”工作机制建立的背景

从经济学的角度讲，一旦制度供给无法满足制度需求，那么制度变迁就可能发生，即正式制度可能被非正式制度替代或者修改。芜湖市中级人民法院建立的“区块链+诉源治理”工作机制既是顺应科技发展变化的时代产物，也是适应司法实践、兼顾效率与公平的改革结果。

---

① 余秋莉：博士，安徽师范大学法学院讲师，芜湖市社会治理研究院研究员。本案例为芜湖市社会治理研究院2022年度调研课题“芜湖市中级人民法院创新‘区块链+诉源治理’工作机制 从源头防范化解金融纠纷”（编号WHSHZL2022003）的成果。

（一）打造“科技支撑”型社会治理体系的政策要求

应在社会治理现代化进程中充分发挥科技力量排头兵的作用。2020年12月，由中共中央印发的《法治社会建设实施纲要（2020—2025年）》中就指出：“完善社会治理体制机制。完善党委领导、政府负责、民主协商、社会协同、公众参与、法治保障、科技支撑的社会治理体系，打造共建共治共享的社会治理格局”，并提出了“科技支撑的社会治理体系”概念。2021年3月，十三届全国人大四次会议通过的《中华人民共和国国民经济和社会发展第十四个五年规划和2035年远景目标纲要》指出：“坚持党建引领、重心下移、科技赋能，不断提升城市治理科学化精细化智能化水平，推进市域社会治理现代化。”进一步强调了科技力量在提升城市治理科学化精细化智能化中的作用。

在中共中央大力倡导各方构建“科技支撑”型社会治理体系的现实背景下，近年来，以最高人民法院为代表的司法机关，不断深化司法科技创新，深入推进以“智慧审判、智慧执行、智慧服务、智慧管理”为重点的法院信息化建设，为司法为民、公正司法提供了有力科技支撑①。在当下，无论是在民事案件、刑事案件、行政案件等案件处理方面，还是在立案、证据审查、开庭审理等诉讼阶段，无不贯穿着互联网、云计算、人工智能、大数据、区块链、5G技术等科技力量。运用新兴科学技术尤其是区块链技术建设智慧型法院，成为各级、各地法院的发展趋势所在。

（二）适应兼顾公平与效率的司法改革要求

当下法院系统面临的最突出的矛盾便是案多人少的矛盾。一方面，在社会经济日益发展进步、人民生活水平日益提高的同时，各类矛盾纠纷也相应地呈现出不断增加、不断复杂化的趋势；另一方面，随着我国依法治国方略的持续推进，人们的法治观念、维权意识亦在不断提升，越来越倾

① 对十三届全国人大三次会议 第2898号建议的答复[EB/OL].(2021-02-26)[2022-09-23]. https://www.chinacourt.org/article/detail/2021/02/id/5824893.shtml.

向于通过司法途径来解决矛盾纠纷。受种种因素的影响，近年来人民法院受理的案件数量不断攀升，而法院的人手却远远无法应对如此大的办案压力。根据相关数据统计，1978—2015年，全国法院受理的案件数量增长了30多倍，而同期法官人数仅增长3倍多，而且全国办案法官人数经员额制改革后被大幅精简，这进一步加剧了“案多人少”的矛盾[①]。与此同时，为让人民群众能在每个案件中都感受到公平正义，人民法院还必须保证案件的审判质量。如此一来，如何兼顾公平与效率成为当前各地人民法院面临的普遍挑战。

在此背景下，提升法院的审判质效就变得至关重要，而以大数据、人工智能、移动互联网为代表的新兴信息技术无疑是推动审判质效提升的重要力量。正如著名诉讼法学家谷口安平所言：“日新月异的电脑及通信技术应该有可能实现民事诉讼实务的简便和省时省力。”[②]在法院处理各类案件的过程中，如果能够充分运用信息化、数据化和智能化等以科学技术为支撑的办案方式，不仅对于司法效率的提升大有助益，而且对于提升司法公正水平也具有积极意义。而且，最新修正的《中华人民共和国民事诉讼法》新增的第十六条明确规定：“民事诉讼活动通过信息网络平台在线进行的，与线下诉讼活动具有同等法律效力。”该规定体现了对利用新兴信息技术办理案件的信任、认可，同时也为智能化、信息化、数据化等办案方式提供了法律依据。芜湖市中级人民法院积极推行的“区块链+诉源治理”工作机制，正是将“区块链”这一核心技术应用于法院办案过程中的一次积极尝试，是适应当前司法系统大力开展的兼顾公平与效率的改革的结果。

二、传统线上智能化办案面临的主要问题

正如前文所讲，推进线上智能化办案是案多人少背景下推进司法改革

① 吴旭阳.司法裁判智能化的模式建构[J].浙江社会科学，2022(6)：64.

② 吴旭阳.司法裁判智能化的模式建构[J].浙江社会科学，2022(6)：63-64.

的方向所在，此次新冠疫情的暴发也在客观上加速推动了线上智能化办案的实践应用。

2020年2月，最高人民法院就曾印发《关于新冠肺炎疫情防控期间加强和规范在线诉讼工作的通知》，要求各级人民法院推行在线诉讼，全面开展网上立案、调解、证据交换、庭审、宣判、送达等在线诉讼活动。而且，新冠疫情防控期间互联网庭审系统建设和使用实践告诉我们，互联网庭审并非疫情防控背景下的权宜之举，而是顺应社会治理现代化和司法体制机制改革趋势、深化智慧法院建设的长远之策。不过，要使线上智能化办案在各地人民法院的办案过程中落地生根并非易事，实际上在推进线上智能化办案过程中会面临不小的困难和障碍。这些困难和障碍主要表现在以下三个方面。

（一）观念障碍

线上智能办案是伴随着信息网络技术发展而出现的新兴事物，打破了人们对于诉讼活动的常规认识，因此，诉讼活动线上智能化的变革所面临的第一个问题便是人们的观念障碍。首先，人们可能存在不适应的问题。虽然在当下社会，诸如智能手机、智能手表、智能家电等智能电子产品已相当普及，但是线上智能办公对于大多数人而言还是相对陌生的，尤其是对于偏远地区的人们而言。陌生即会产生不安，对于从未接触过线上智能办案的人来说，面临的首要问题便是不适应，这种不适应既可能表现为不懂或者不知如何具体操作，也可能表现为对线上智能办案的排斥。其次，人们可能存在不信任的问题。在通过线上智能办案的方式解决各类纠纷的过程中，由于当事人不能现场面对面指证、对质、交流，所以有可能会对于在线判决的权威性、终局性、强制性都心存疑虑，因而影响人们对于个案公平正义的主观感受。再次，人们可能存在不放心的问题。由于线上智能办案不可避免地需要在线进行调取证据、确认证据、保存证据、交换数据等活动，因而可能会使当事人产生对证据瑕疵、信息泄露等方面问题的担忧。

（二）程序障碍

程序简便、顺畅是提升人民法院办案效率的前提条件，也是案件当事人愿意选择线上方式解决法律纠纷的关键所在。但是在实践中，采用线上方式处理案件比较容易出现程序障碍问题。这些程序障碍问题主要表现在以下两个方面：一是程序效率问题。这首先是由于采用线上方式处理案件往往会发生程序衔接不畅的情况。诉讼活动往往涉及调解、仲裁、诉讼等不同纠纷解决方式之间的程序转换，若当事人在不同程序中提出更改请求、变更证据、追加第三人等主张，就会产生程序衔接、证据的固定、采信或者变更及第三人参与诉讼的审查等问题，如果在每次程序转换之后仍然让当事人重复上一程序的所有操作流程，势必会增加当事人的讼累。其次，在实际的审判活动中，存在大量因合同约定不规范引发的诉讼文书送达难、查人找物周期长等问题，导致审判期限大为延长，难以提升审判执行效率。二是程序正义问题。线上庭审的程序合法性容易受到公众质疑。不同于线下审判活动，线上庭审活动的法官、当事人或诉讼参与人处于不同的空间，以此种方式进行的审判活动被部分学者质疑违背了诉讼活动的直接言词原则。直接言词原则要求法官与诉讼双方当事人必须亲自参与案件审理，法官必须通过在庭上亲自审理案件以查明案件事实并形成自由心证，在此基础上形成最后判决。而线上庭审毫无疑问会减弱庭审的现场性、当事人及法官的亲历性，尤其是法官不能亲临现场，从而难以对当事人察言观色，因而不免令人担忧会造成对当事人的程序性权利的损害[①]。

（三）技术障碍

人民法院在线诉讼涉及的技术障碍包括三类：一是诉讼主体的技术能力问题，即部分诉讼主体由于年龄、心智、教育等原因而不具备运用在线诉讼设备的基本能力；二是技术条件问题，即因缺乏技术装备或者技术装

① 王齐齐，邓朝华，夏定乾.“线上庭审”的再探讨：基于疫情期间庭审的研究分析[J].中共山西省委党校学报，2020(3)：79-82.

备的性能较差而无法达到在线诉讼的要求；三是公正审判技术能力问题，即由于光线选择、拍摄角度、视频呈现形式等原因而影响审判的公正性、严肃性。但这仅包含了狭义的技术障碍内容，广义的技术障碍还包括以下内容。

1.人员身份的识别与验证

人民法院的司法办案活动是在各方当事人共同参与下所完成的诉讼活动，明确各诉讼参与人员的身份是诉讼活动顺利开展的前提和保障。根据法理学理论，社会成员在社会群体中均具有可辨识的不同社会地位和相对固定的身份，这种身份既赋予了个体成员的特殊性与唯一性，同时又使得个体成员享受权利、履行义务成为可能，因此为明确社会成员的身份就需要由外在的组织赋予成员以固定不变的身份，并给予该成员具有法律效力的证明文件。于是，不同层次的身份认证就变得不可或缺，各种身份证件的使用便成为常态①。然而，有别于线下“面对面”的诉讼活动，线上诉讼活动难以通过传统的识别方法验证身份，目前我国还尚未完全建立统一的线上身份认证体系，因此，将诉讼活动由线下转到线上面临的第一个问题便是如何识别和认证参与人员的身份问题，这也是在信息化系统下建设智慧法院面临的一项严峻挑战。

2.各类证据的审查与认定

线上智能办案活动需要依托互联网平台完成，一般情形下，诉讼参与人是通过在线庭审平台的视频窗口向法院及其他诉讼参与人展示证据原件的图像的，这种提交证据的方式既无法让法院及其他诉讼参与人接触到证据原件，证据来源、证据的真实性及合法性也难以得到充分审查，又可能会出现电子证据在传输过程中被篡改、阻截、屏蔽等问题，这些因素使得在线庭审过程中出具的证据不易被对方当事人认可，严重时还会阻碍庭审活动的正常进行。

3.诉讼要素的筛选与提取

提升审判质效的一个重要方式是进行类案类判，线上智能办案活动也

① 胡凌.刷脸：身份制度、个人信息与法律规制[J].法学家，2021(2)：44.

不例外。但是实现类案类判就要识别和提取出同类型案件中存在的共性诉讼要素，这是明确类案的界定标准、分类标记、识别匹配、效力认定等的前提条件。但是诉讼要素的筛选与提取并非易事。通常在类案推送的过程中常用到的关系抽取方法有关键字匹配法、向量空间法、知识图谱法和深度学习法等，但这些方法基本上都是采用自然语义识别技术自动抽取情节，再通过情节匹配程度来实现类案的提取①。而在司法领域仅靠此种方法难以真正解决类案提出的问题，所以诉讼要素的筛选与提取仍是实现类案审判的一大障碍。

4.案件信息的存储与保密

线上智能审判活动是由处于不同空间的法院、当事人、诉讼参与人共同参加的活动，因而不可避免地需要进行线上数据交换，尤其是需要将法院的内部数据向外部信息平台进行转化和传递，在这一数据的传输过程中就面临着信息安全和网络安全的严峻考验。虽然当下采用了光闸隔离技术、庭审视频屏蔽功能等安全防范手段，但是依然无法完全解决跨网安全隔离交换系统被绕过，相关案件信息被恶意采集、挖掘、篡改等问题。此外，这些数据在由内而外的转化和传播过程中，还会面临着不同信息数据平台之间数据转换和衔接的安全性问题②。

三、"区块链+诉源治理"的具体内容

为解决司法实践中存在的合同审查认定难等问题，芜湖中院积极顺应形势，建立"区块链+诉源治理"工作机制。所谓"区块链+诉源治理"工作机制，是指法院通过自主开发金融类案智能审判和区块链存证核验系统，在智能审判系统中嵌入区块链存证核验平台，由该核验系统实现批量立案、智能分案，快速进行证据核验，实现立案、庭审、判决全流程线上

① 蔡立东，郝乐.司法大数据辅助审判应用限度研究[J].浙江社会科学，2022(6):59.

② 林坤，董昆.论"互联网+"庭审公开的治理实践、基本理念和制度优化[J].法律适用，2021(12):165.

智能化的处理机制。该工作机制为加速审理流程、高效化解金融纠纷、防范化解金融风险提供科技支撑。

（一）区块链存证核验系统的建立

“区块链+诉源治理”工作机制建立在区块链存证核验系统的基础之上，可以说该系统是实现创新性工作机制的关键所在。从建立流程来看，区块链存证核验系统的完成需要经历以下三个关键性步骤。

一是数据连接。为促进数据间的共享与交换，智能审判+区块链存证核验系统通过打通内外网数据通道，对内连接法院业务平台，对外连接金融机构业务端口，实现互联网金融数据与司法数据的互联互通。

二是诉前存证。应着力从以下两方面入手避免合同代签、假签名、假印章等问题：首先，让金融机构将业务流程转移至线上，运用人脸识别技术锁定客户身份，并且，运用客户综合画像、大数据分析技术立体挖掘个人信用数据，实现信用评估追踪、风险智能把控；其次，运用电子合同签署技术完成线上签约、线上审批及线上放款，在提升客户满意度的同时，将全部重要节点信息及重要凭证通过区块链技术进行存证。

三是智能核验。为加速审理流程，提升审理效率，该系统上的区块链存证核验平台以“链”连接金融机构与法院，金融机构通过嵌有区块链技术的业务系统提取存证数据，并上传至诉服平台，金融智审平台同步进行证据材料校验，确保电子证据源头真实，有效化解电子数据存证难、取证难问题。法官可通过系统直接查看当事人提交证据的上“链”情况，对存证证书、时间来源等进行查验追溯，通过哈希值一键验证。

（二）金融类案的线上智能化审理

在建立健全区块链存证核验系统的基础之上，对于进入到法院审判流程的案件，芜湖中院创造性地运用金融类案智能审判机制高效率、高质量地完成案件审判工作。此部分的工作内容主要包含以下四个方面。

一是审判人员的调度。为实现一体化开展金融类案的智审，芜湖中院设立金融巡回法庭，统一调度全市9家基层法院法官到巡回法庭集中办理金融类案，此9家法院各选派1名金融审判骨干法官，专门负责审理金融纠纷案件，并且，每月召开金融审判工作座谈会，以确保裁判尺度统一。

二是类案要素的提取。芜湖中院下设的金融巡回法庭利用人工智能、专业算法技术破除数据传输壁垒，根据类案特点，自动提取当事人信息、诉讼请求、关键事实等各环节的诉讼要素，系统自动根据审判各环节的要素提取所需要素信息，进行自动化处理。并且制定诉讼要素表，明确各环节标准化工作模板，为解决“同案不同判”问题提供了标准支撑。

三是案件的线上化审理。金融巡回法庭法官运用金融类案智审系统实现案件审理全流程线上化，系统对要素信息进行自动化处理，按照审判流程图推进案件审理，以实现金融类案审理的集约化、专业化、信息化、标准化、流程化。在具体案件的审理过程中，法院的庭审以视频连接的方式进行。

四是全程的无纸化办公。庭审笔录及调解书全部通过网络生成电子版，由司法辅助后台人员另行打印制作。推进办案全程无纸化，各节点信息实时生成、不可逆，打通法院内网和邮政系统通道，同步对接中国邮政法院专递平台，文书材料和当事人邮寄信息通过数据直接传输至邮政系统，打印、封装、投递一气呵成，物流信息智能反馈，法官能够同步跟踪案件送达情况，解决审判过程中遇到的送达难题。

（三）区块链技术从供给侧向需求侧的转移

为从源头上解决金融纠纷案件的处理难题，芜湖中院开发出区块链存证核验系统，以解决金融纠纷案件所涉及的各种电子证据难题。不仅如此，芜湖中院主要负责同志主动走访金融机构负责人，介绍“诉源治理+金融审判”工作机制及区块链技术，引导金融机构运用区块链技术重构业务流程，前置司法证据固定措施，推动区块链技术从供给侧向需求侧转移，实现了区块链技术运用从法院端向企业端延伸，促使金融机构自动存证，从源头固定电子证据。自2020年6月运行起至2022年底，累计为价值

600亿余元的电子合同提供“证据保险”，存证后的电子贷款合同逾期率与非电子合同相比下降60%，进入诉讼的金融纠纷减少，实现真正意义上的诉源治理。

经验启示

芜湖中院创新“区块链+诉源治理”工作机制，推动区块链技术运用从法院端向企业端延伸，引导金融机构重构业务流程，自觉运用区块链存证，从源头固定电子证据。该工作机制运用区块链技术进行存证、核验，有效解决了电子证据存取和认证问题，并运用智审平台实现立案、庭审、判决全流程线上智能化处理，成为贯彻落实习近平总书记关于“坚持把非诉讼纠纷解决机制挺在前面”和“积极推进区块链和经济社会深度融合发展”重要指示精神的示范性样例。其中，尤其值得借鉴和参考的经验有以下三个方面。

一是充分利用科学技术提高审判质效。

芜湖中院创新“区块链+诉源治理”工作机制，生动体现了科学技术在司法审判中的重要作用。以区块链存证核验系统为例，通过该系统，电子证据认证权威公正、便捷高效的特性充分凸显，电子合同的签订在客观上加工了审判所需的电子数据，同时法院引导当事人在签订电子合同时完成身份认证，确定送达地址、通信方式，为线上抓取数据、开展要素式审判，实现类案快审、统一裁判尺度提供必要条件，庭审效率大幅提升，简易程序案件20天结案，普通程序案件80天结案，较传统审判模式案均分别缩短20天、40天，能有效减轻当事人诉讼负担。由此可见，建立以科技为支撑的智能化处理平台是提高审判质效的关键所在。

二是将诉前、诉中与诉后环节进行一体化智能管理。

“区块链+诉源治理”工作机制是集诉前、诉中与诉后为一体的智能案件处理机制。首先，在诉前阶段，该工作机制改变了一直以来待案件立案之后再行调取、核验证据的传统处理思路，事先就通过建立区块链存证核验系统来完成对电子证据的存储、调取、认证等工作，有效减少了电子证据搜集的各种难题，极大提升了司法办案效率；其次，在诉中阶段，从当事人起诉至法院立案再到裁判等各项环节，提取当事人信息、诉讼请求、关键事实等诉讼要素，再通过金融类案智能审判系统进行自动化处理，真正解决"同案不同判"问题；最后，在诉后阶段，通过加强对"链"上已审判案件数据的抓取、整合、分析、研判，就金融借款、信用卡、小额贷款等金融业务合同条款提出针对性修改意见，明确规范金融纠纷案件格式、证据、起诉等要素，推动金额交易的事实条款和诉讼程序条款优化，规范相关金融交易活动，助力金融产业聚集和创新，有效防范化解金融风险。

三是营造安全可信、可预期的网络空间。

区块链存证核验系统从源头固定"什么人、在什么时间、通过什么网络环境、做了什么事"的客观事实，在金融机构与借款人之间建立起了"技术背书"的信任机制，在此信任机制下，当事人可以放心在线上签订电子合同，大幅节省合同前端草拟、审查，后期执行、司法取证等时间、成本，降低交易风险。根据实践中电子签约的履约情况来看，客户逾期4天以上的逾期率下降47%、逾期30天以上的逾期率下降69%，诉源治理成效显著。由此可见，营造安全可信、可预期的网络空间，有助于引导各方当事人自愿履行义务、自觉化解纠纷，提高社会契约执行效率。

综上，司法办案的现代化离不开科学技术的支撑，建立以科技为支撑的智能化、数字化的线上管理平台，在立案、审判、执行、管理、监督等全领域各环节发挥科技的辅助作用，必将是今后司法办案的发展趋势。更进一步而言，除了人民法院的司法审判外，市域治理的其他方面都应当紧紧依靠我们的制度优势，充分发挥科技力量在参与国家相关科学决策、服务经济社会持续健康发展等方面的重要作用。

芜湖市益群社会工作服务中心以文化人 推进和谐社区建设

郭敬东[①]

一、引言

党的十九大强调要打造共建共治共享的社会治理格局。社区治理属于基层社会治理的重要组成部分，打造良好的社区环境，营造和谐的社区关系，通过治理举措的创新来化解社区内部的纠纷问题，是落实和推进构建共建共治共享社会治理格局的重要路径。在日常生活中，作为社会的基本单元，社区内部往往会出现各种矛盾纠纷，如邻里纠纷、婚姻纠纷、侵权纠纷、物业纠纷等。及时、快速地消解这些矛盾，是构建和谐社区的重要途径。《法治社会建设实施纲要（2020—2025年）》指出，要依法有效地化解社会矛盾纠纷。通过完善社会矛盾纠纷多元预防调处化解综合机制，努力将矛盾纠纷化解在基层。当前，随着社会治理主体的多元化和社会治理对象的复杂化，基层社会治理问题的呈现方式不断变化，发生的频度也不断提升，一些新问题不断涌现，这就要求基层政府在推动法治社会建设的基础上，创新基层社会治理模式，激发治理主体的积极性和主动性，构建动态的、持续的、联动性的问题处理机制，抑制和消解基层社会治理中可能会出现的风险，切实保障人民群众的利益。社区既是基层治理的重要领域，也是各种矛盾纠纷出现的主要场域。社区能否将矛盾纠纷化解在基

① 郭敬东：博士，安徽师范大学法学院副教授，硕士生导师，芜湖市社会治理研究院研究员。本案例为芜湖市社会治理研究院2022年度调研课题“芜湖市益群社会工作服务中心以文化人 推进和谐社区建设”（编号WHSHZL2022004）的成果。

层直接关乎基层社会治理的绩效。因此，在社区治理中，治理主体应针对矛盾纠纷的特点，根据具体的情况不断地创新管理方法，在贯彻良法善治的过程中，应秉承政治审慎的态度，综合性地、全面性地考察问题发生的原因，推动和谐社区建设，并制定具有前瞻性的对策，构建符合本区域治理情况的问题解决机制。

二、社会治理视域下和谐社区建设中存在的主要问题

和谐社区的构建有助于构建互助性的基层社会关系，消解社区内部常见的社会矛盾纠纷，推动基层形成稳定的社会政治秩序。从社会治理的角度来看，当前的和谐社区建设主要面临三方面的问题。

（一）社区共同体意识的构建

社区共同体意识是指社区成员对于所在的社区有着强烈的归属感和认同感，自觉地将自己视为社区中的一分子。从治理的角度来看，社区共同体意识属于社区治理机制中的主观维度，对于社区治理而言发挥着积极的推动作用，有助于提升社区成员参与社区治理的积极性和主动性，而这种参与本身即是社区治理所要达到的重要目标之一，也是和谐社区建设的重要内容。随着社会经济的发展和社会结构的不断分化，社区逐渐由“熟人社会”向“半熟人社会”和“陌生人社会转变”。社区内部成员的构成日趋复杂且诉求各异，不少社区居民彼此不熟悉，对于社区的公共事务缺乏制度化的交流机会。因此，他们对于社区内部事务如社区环境管理、社区安全维护、社区文化建构等难以达成共识，这种状况又进一步降低了他们对社区整体的认同，难以形成社区共同体意识，而社区共同体意识正是社区社会资本形成的前提和基础，对于和谐社区建设而言具有主观层面的促进作用。

（二）居民事务参与平台的搭建

党的十九大强调要打造共建共治共享的社会治理格局。在基层社会治理中，人民广泛地、积极地参与社区事务的决策和处理是推动共建共治共享社会治理格局形成的基础。一方面，在社区治理中，各项决策和措施的实施都与社区居民息息相关，动员广大社区居民参与到社区事务的决策实施中来，可以增强社区治理决策的民主性和科学性，减少因决策失误所带来的负面影响。另一方面，各项创新性社会治理措施的落实和实施都需要获得社区居民的认可和支持。这就要求在社区中搭建制度性的参与平台，将社区居民吸收到制度性的参与机制中去，使他们可以就社区矛盾纠纷的解决、社区安全的维护、社区公益的实施等一系列问题展开讨论，形成共识，以进一步地推动和谐社区的建设。《中共中央 国务院关于加强和完善城乡社区治理的意见》强调："坚持以人民为中心的发展思想，把服务居民、造福居民作为城乡社区治理的出发点和落脚点，坚持依靠居民、依法有序组织居民参与社区治理，实现人人参与、人人尽力、人人共享。"而搭建制度性的基层参与平台则是助力居民有序参与社区事务管理的重要举措。从目前的社区治理状况来看，各地虽然在居民事务参与平台构建方面因地制宜地实施了创新性的举措，如在线下构建议事机构，定期就社区管理问题进行商讨；在线上建立社区内部的综合性数字化服务平台，吸收并反馈社区居民的意见等，但从机制的运行效果来看，还有进一步提升和完善的空间。

（三）矛盾纠纷化解机制的创新

社区是基层纠纷问题的汇集地，及时有效地对常态性和非常态性矛盾纠纷进行化解，是构建和谐社区的基础。从社区矛盾纠纷的类型角度来看，其呈现出多元化和复杂化的特点，涵盖了经济、社会、文化及教育等诸多层面。如果不能从源头上加大对这些矛盾纠纷的处理和消解，构建制度化的预防、化解机制，那么这些矛盾纠纷就会不断扩大、升级，给和谐社区建设带来巨大的挑战。常态化的矛盾处理方法有人民调解、行政调解和司法调解等。《中华人民共和国调解法》规定：人民调解是指人民调解委员会通过说服、疏导等方法，促使当事人在平等协商基础上自愿达成调解协议，解决民间纠纷的活动。调解的范围主要有婚姻纠纷、养老纠纷、轻微的侵权纠纷以及邻里纠纷等。由于方式灵活、简洁快速，且调解的主体主要来自群众，所以这种调解方法是社区矛盾纠纷化解中常见方式之一，不少社区也成立了自己的人民调解委员会，一站式处理常见的纠纷问题。行政调解主要是“由各种行政主体出面主持的，以国家法律、法规、政策和行业惯例、公序良俗等行为规范为依据，以自愿为原则，以行政管理活动中发生的特定纠纷为对象，通过教育、协商、疏导等方法，促使双方当事人达成协议，消除纠纷的一种诉讼外调解活动”[①]。行政调解的主体主要是行使公权力的政府机关及其授权的组织等，故在处理相关纠纷方面具有一定的权威性和专门性。司法调解则是以人民法院审判组织作为调解主体对民事纠纷案件中的双方进行调解，使其达成解决协议的过程。就社区矛盾纠纷的化解而言，必须采用兼有预防和处理的综合防治办法，构建以人民调解、行政调解、司法调解等为主的联动性调解机制，如此才能形成立体化的防治处理架构，稳定且高效地处理常态化的和非常态化的社区矛盾纠纷。《法治社会建设实施纲要（2020—2025年）》强调：要“完善社会矛盾纠纷多元预防调处化解综合机制，努力将矛盾纠纷化解在基层”。这就需要进一步推动基层矛盾纠纷化解机制的创新，切实在社区基层落实常态化的联动性调解机制，以应对常态性和突发性的社区矛盾纠纷，为和谐社区建设奠定良好基础。在当前的社区治理过程中，各地都在积极地推动和实施联动性的矛盾纠纷化解机制，但从实施效果来看，人民调解、行政调解和司法调解等的有机衔接还需要进一步加强。此外，调解联动机制建设的地区发展也呈现出不均衡的局面，需要进一步巩固、推进和提高。

① 常怡.中国调解制度[M].北京:法律出版社,2013:152.

三、芜湖滑港街道龙华社区在和谐社区建设中的创新措施与成效

针对和谐社区建设中的常见问题，芜湖市不断深化改革思路，创新治理措施，优化基层治理机制，因地制宜地实施了一系列推动社区和谐建设的政策。自2007年以来，芜湖市构建了以社区党组织、社区居委会和社区服务站为联动主体，社区成员广泛参与的管理格局，并通过方向引领、政策宣传和监督落实将和谐社区建设的理念、目标和措施落实到每一个社区层面，为社区成员提供了教育、文化、体育、环境等方面的公益性服务。在芜湖市民政局社会组织公益创投项目支持下，芜湖市滑港街道龙华社区“两委”与芜湖市益群社会工作服务中心（以下简称“益群社工”）通过共同实施“滑西记忆”等系列项目，走出了一条以文化建设推动和谐社区建设的创新之路。

芜湖市滑港街道龙华社区是由原十里村、九龙村等村合并而成的拆迁安置社区。该社区目前总人口1.5万人左右，其中年龄60岁及以上人口约有2000人，儿童青少年有1000多人，优抚对象、退役军人及社会救助人员约为4500人，是一个具有多元需求的社区。作为典型的拆迁安置社区，矛盾较多、冲突频发。第一，就空间形态而言，原有的土地约束力消失使得空间使用无序，经常出现“圈养牲畜”“毁绿种菜”“不缴纳物业费”“占用楼道等公共场地”等现象。第二，就居民关系而言，龙华社区自2014年村改居以来，原本的村落形态被瓦解，导致村民原有的社会网络被打破，但原先的乡土社会大部分仍被保留，实现“熟人社会”骤然转向“半熟人社会”，居民的安全感降低，互信水平较低，社区包容性较差。第三，就社区治理而言，在原来行政村内，居民与村干部处于“熟人社会”，村内矛盾更容易得到调处。但随着拆迁安置社区的建立，居民与社区干部互不熟悉，这也给矛盾调处造成阻碍。同时，在原行政村内，村民们有着相对一致的文化心理和行为习惯。但在拆迁之后重新整合的社区中，村民

们缺少共同的文化符号和心理寄托，这也为社区治理增加了难度。针对龙华社区的治理难题，自2020年起，龙华社区与益群社工共同实施了“漕西记忆”等系列项目，旨在通过重拾共同记忆、建构社区文化，进而为社区和谐奠定共有的心理基础、为社区治理汇聚有支持效能的文化资源。其具体实施措施为：通过“乡知・寻根漕西”，激发居民共同的地域意识；通过“乡链・茶话漕西”，链接社区人文资源，发掘居民骨干；通过“乡育・提案漕西”，设立公众评审，吸引公众参与社区公共空间建设和营造良好文化氛围；通过“乡守・宜居漕西”，推动居民积极参与、共同开创“宜居漕西楼栋示范点”“漕西文创工作坊”等，共同营造宜居“新故乡”漕西。

（一）乡知・寻根漕西——激发居民认同感

社区情感从根本上来说是一种认同感，社区认同感可以让社区居民产生较为熟悉而浓郁的乡土情感及强烈的社区归属感。因此，“漕西记忆”项目首先从“乡知・寻根漕西”展开。

一方面，开设“老艺人课堂”，以文化技艺为载体推动居民互动。拆迁安置打破了原有的居住结构，原有的文化载体被淡化，文化结构也受到影响。针对这一问题，益群社工通过链接社区人文资源，守护社区乡土文化并在此基础上传承民间艺人文化从而使社区再现活力，以邀请社区老艺人走进社区，采用“课堂”授课等方式，将乡风民俗传授给以儿童为代表的龙华社区居民。

另一方面，开展“寻根漕西”活动，通过寻找老物件的方式，打造漕西民俗馆，激发居民地域意识，唤醒居民情感，使其再现社区记忆，让社区优秀传统民俗得到传承，使居民形成价值认同和文化自信，激发社区居民的乡土认同感。通过社区公共文化的价值引领，为居民的文化生活提供了乡土素材，也为后期引导居民参与社区建设提供了有力的支持。

（二）乡链·茶话澛西——畅通居民参与路径

社区治理意在培育居民的自觉意识和自治能力，其中参与平台是形成社区自治与自觉的关键要点。益群社工依托前期塑造的文化认同，在民俗馆区域搭建居民参与讨论和决策社区事务的平台——澛西议事厅，让居民的参与效能充分发挥出来。居民在社区认同感不断提升的基础上，参与意识被充分调动起来。以居民自荐及社区推荐的方式，选出了包括社区网格员、各支部党员、业委会成员、爱心商家及热心居民在内的33名议事员，成立了一支居民参与的内生队伍——社区居民骨干，由居民骨干自发讨论解决问题，让社区事务在居民内部得以解决，最终实现居民自治。

“乡链·茶话澛西”主要围绕社区公共秩序管理、社区公益性服务、公共设施改造等问题展开商讨，并提出解决方案，充分满足社区居民多元化服务需求。议事厅自成立以来，充分发挥了不同议事员在联系多元居民群体方面的特有优势，集思广益、群策群力，在实际工作中逐步探索出一套以“自主提事、按需议事、约请参事、民主评事、跟踪监事”为主要特点的议事厅运作规则。“乡链·茶话澛西”系列活动为居民打造了可以发声的舞台。

（三）乡育·提案澛西——多元主体协同治理

“澛西记忆”等系列项目在具体实施中，以激发多元主体参与为主要落脚点。

第一，以“乡链·茶话澛西”中议事员提出的议题作为提案方向，通过给予资金支持、资源支持，开展龙华社区第一届微公益创投提案大赛。通过社会工作者的介入，以资源赋权、权力赋权、心理赋权、技术赋权为出发点，借助微公益创投提案机制实现了居民群众主动表达需求、社区事务由居民协商处理，促使居民骨干的角色实现了从“协助者”向“主动参与者”的转变，极大地提高了居民骨干参与社区自治的意识。依托居民骨干，先后培育了多支居民自组织队伍，包括共建共治共享的车棚改造队伍、为老服务党员队伍、国学班及早教志愿队伍等。

第二，推动社区居民骨干共同成长。益群社工作为各个居民自组织的联络者，定期开展组织间经验交流会，相互分享组织发展的经验，共同反思所遇到的问题，取长补短，促进社区居民骨干共同成长。更为重要的是，通过交流，增进了居民骨干的熟悉程度和互信程度，进而为各社区自组织的沟通交流、协同联动奠定了基础。各社区自组织的联动，又为社区居民的相互交流提供了机会。

第三，举办“澛西赋能营”，提升社区自组织的行动能力。在项目开展过程中，不仅推动居民组织起来、参与进来，而且着力提升居民的自我管理、自我服务和自我教育能力。一方面，每年设立微公益创投资金，通过设置微公益创投项目，为社区自组织提供资源支持，训练社区自组织的公共参与能力和自我服务能力。在这些项目实施过程中，社区自组织为居民提供了文化体育、社会救助、日常照护、邻里帮扶等服务，提高了居民对自组织和社区的认同与归属感。另一方面，通过“澛西赋能营”，举办了多种培训班，培训内容涉及项目设计及项目书撰写、沟通技巧、心理辅导等。

（四）乡守·宜居澛西——营造社区和美景象

和谐得让居民看得见，美好得让居民感受得到。益群社工和社区“两委”以“乡守·宜居澛西”为主题，致力于营造社区和美景象。具体做法如下：第一，打造“澛西民俗馆”。收集居民提供的老物件（或复制品）、整理社区当地的文化故事，在社区建立了面积约200平方米的“澛西民俗馆”。依托这一固化的文化景观，不仅能够激活居民的共同记忆和共享心理，而且打造了居民可见、可享的文化景观。第二，组建“澛西老艺人团队”。在开展“老艺人课堂”的基础上，组织社区内有才艺的老人，组建了“澛西老艺人团队”。定期组织老艺人到社区表演技艺，向社区小朋友传授技艺。老艺人表演和技艺传授也成为居民喜闻乐见的文化传播载体和交互载体。第三，设计“澛西文创产品”。紧扣社区文化特点和老物件等，益群社工邀请专业设计团队，开发出澛西文化系列产品，设计了“澛西记忆”标志图像，促进社区空间的整体改造和文化传承，并以文创产品为载体成立了龙华社区基金，用于澛西文化的可持续发展。第四，打造社区“特色服务大厅”。与社区“两委”协商，重新设计和打造了体现社区文化特色的服务大厅，增加了怀旧复古的澛西民俗和绿底白字的澛港地名介绍等。特色文化就像是一幅历史的画卷，吸引来往居民驻足，提升了居民的文化认同感。

“澛西记忆”系列项目的实施，推动了社区文化建设，也实现了社区文化建设与社区治理的衔接。

一是增强了居民参与意识，获得了社区有效支持。通过“澛西记忆”系列项目有效增强了居民参与意识，实现居民从漠不关心到积极投入，参与从被动到主动的转变。从漠不关心到积极投入，在项目实施前期调研中，47.4%的受访者表示不愿意参与社区活动，63%的受访者表示不了解社区日常工作，参与意识普遍较弱，居民参加活动一开始大多秉持着无所谓的态度。项目结束后，通过对项目前期调查对象的随机访谈，了解到100%的受访者表示参与社区事务的兴趣和频率增加，与项目实施前相比，居民对于社区认同感增强，参与意识也显著增强。从被动参加到主动参与，项目实施前，居民个体始终处于一种无序、被动参与社区活动的状态。整体来看，居民缺乏参与社区公共事务的意识，未能有效行使公民的基本权利。“澛西记忆”系列项目的开展，促进了居民骨干角色的转变，他们从协助者转变为主动参与者。居民骨干数量也不断增加，由最先的4人增加至30多人，在居民类型上也更加多元化，最终实现居民的参与自觉。

二是丰富了居民参与内容，缓解了人居环境矛盾。在益群社工入驻社区之前，居民参与的社区活动内容单一，不能满足拆迁安置社区居民的需求。通过“澛西记忆”系列项目的开展，社区活动不再拘泥于居民换届选举等政治性活动，居民参与的内容也发生了很大变化，涉及与生活息息相关的方方面面。益群社工通过提供专业服务、品牌宣传等工作策略，使得

“自治”一词深入人心，切实丰富了居民参与活动的形式，同时更是借助公益创投有效提升了居民参与社区活动的积极性。

三是提高了居民参与能力，形成了长效参与机制。“滑西记忆”系列项目开展前期，通过问卷测评发现，居民骨干存在社区协商能力、社区公益项目管理能力、社区智能工具使用能力不足等问题。项目实施后，社区居民的参与能力得到了有效提升。首先，居民骨干从最初不懂如何去协调到现如今能独自妥善处理问题。通过链接高校专家资源，以“沉浸式”交流、体验的方式向社区居民骨干普及社区参与式治理的概念与案例，引导居民骨干掌握自治的方法与技巧。其次，通过社会工作的介入，将民主协商、社区公益项目管理、技术运用等内容进行有效的整合，并形成较为完善的社会工作介入路径，有效提升了居民骨干的参与能力，促使其更积极参与到社区治理中去。最后，益群社工依托社区文化记忆，链接设计师资源，设计了一系列关于社区的文创产品，如帆布包、明信片等，并打造承载社区地图、文化变迁的社区记忆墙，初步尝试在打造社区的文创产品，传播社区文化的同时赋予社区文化商业发展价值，积极发展社区公益基金，以期助力社区参与的可持续发展。

四是拓宽了居民参与渠道，打造了特色议事空间。“滑西记忆”系列项目的实施，为居民提供了参与的平台，拓宽了居民参与社区治理的渠道，让更多居民有机会发声。在项目实施之前，居民参与社区治理的渠道较少，遇到问题不知如何反映。项目实施后，通过专业社工的介入，成功打造实体化的滑西议事厅。居民带着问题走进议事厅，围绕事关社区居民的切身利益的事务展开讨论，如党和政府的方针政策如何在社区贯彻落实，社区公共设施和公益服务如何实现微观转型等。“滑西记忆”系列项目打造了一个虚拟化的议事厅平台，让居民的烦心问题能得到有效解决。在社会工作开展的过程中，发动居民骨干进行网格化管理，建立网格群，各议事员负责汇总本网格议事代表及楼长反馈的建议，并将建议反馈在议事员交流群交由社会组织负责，让更多居民通过网络平台参与到社区建设当中去。

经验启示

当前，在加强和创新社区治理措施的过程中，既要重视社区“硬件”建设，也要重视社区“软件”建设，在营造以人民为中心的、符合人民利益需求的社区环境的同时，也要多角度、全方位地推动社区治理机制的不断优化，在社区内部形成常态性的矛盾纠纷处理机制，将常见的社区治理问题消解在基层。同时，也要健全社区的公共服务机制，构建稳定的社区事务参与机制，提升社区居民的主人翁意识，动员他们作为治理主体之一参与到社区事务决策制定和实施过程中去。芜湖市澛港街道龙华社区以文化建设为抓手，通过“澛西记忆”系列项目的实施，围绕安置小区重拾共同记忆、建构社区文化、丰富社区活动、推动社区居民参与社区事务等内容，以文化人，积极唤起和强化社区居民的共同体意识，进而提升他们的事务参与意识，并在此基础上打造议事平台，创造多元化的社区矛盾纠纷机制，有力地推动了和谐社区的建设，此举措为当前的和谐社区建设提供了重要的经验启示。

第一，要充分发挥基层党组织的引领作用。《中共中央 国务院关于加强和完善城乡社区治理的意见》指出：“切实发挥基层党组织领导核心作用，带领群众坚定不移贯彻党的理论和路线方针政策。”从芜湖澛港街道龙华社区的和谐社区建设的实践来看，在基层党委的努力推动下，在社区党员的榜样示范下，龙华社区实施了以文化人的基层社会治理创新措施，社区居民的共同体意识明显提升，参与社区事务管理的积极性也得到了明显的增强，矛盾纠纷也得到了有效化解。可以说，在社区治理过程中，基层党组织肩负着不可替代的重要作用：一方面，国家在社区公共服务、公共安全及公共管理方面的各项政策方针都需要通过基层党组织来贯彻落实；另一方面，由于基层社会环境存在差异性，基层党组织在社区治理中也承担着因地制宜创新治理措施的重要责任。因此，在和谐社区建设过程中，要加强党在社区治理机制的宏观设计和治理措施的微观控制方面的领导作用，积极通过党建创新来推动和引领基层治理的创新。

第二，以民生事业为抓手构建协同治理机制。以人民为中心是社区治理的出发点和落脚点。芜湖市澛港街道龙华社区在社区治理中始终以为民办事为方向指引，为了满足民众多元化的利益诉求，解决社区内部的矛盾纠纷，在强化社区居民共同体意识的基础上构建了“澛西议事厅”作为解决社区常见问题的平台。该机构的成员主要包括社区党员、社区网格员、业委会成员、社区居民代表等。对于社区常见的物业纠纷问题、公益服务问题及生态环境问题等，他们通过“澛西议事厅”这一平台积极地进行商讨，找准问题的关键点，并在协商的基础上形成共识性的解决办法，这对于当地和谐社区建设具有十分积极的作用。党的十九大报告中指出：“加强社区治理体系建设，推动社会治理重心向基层下移，发挥社会组织作用，实现政府治理和社会调节、居民自治良性互动。”①在社区治理体系建设中，协同治理机制的构建对于社区内部各项举措的实施及问题的解决起着重要的推动作用。一方面，随着社会结构的不断变化，社区治理主体日益多元化，构建综合性的、反应迅速的协同治理机制能够有效地将多元治理主体进行统合，最大程度地发挥他们在社区治理中的功能性作用；另一方面，协同治理机制也能及时地对社区的各项问题进行联动性解决，有助于贯彻以人民为中心的发展思想。

第三，因地制宜建构社区文化。文化建设的好坏对于治理效能能否得到充分发挥起着重要作用。营造建立在社区共同体意识基础上的社区文化可以增强社区成员的归属感，激发他们参与社区事务的积极性和主动性。芜湖市澛港街道龙华社区正是通过激活社区成员的“澛西记忆”，提升了社区成员对社区的认同感，使他们感觉到自己是社区的一分子，积极地为社区发展贡献自己的力量，有力地化解了社区内部的矛盾纠纷，推动了社区各项事业的发展。可以说，在和谐社区建设过程中，社区文化发挥着不可替代的作用。由于地域文化的差异性，治理主体在社区治理过程中，可

①十九大以来重要文献选编：上[M].北京：中央文献出版社，2019：35.

以根据本区域的地域文化，因地制宜展开各项社区文化宣传活动，并通过实施一系列贴近社区居民生活的文化活动来激活他们对社区的共同记忆，由此推进符合和谐社区建设的社区文化的生成。

赭山派出所积极践行“枫桥经验”因情施策开创警民联调新天地

芜湖市公安局镜湖分局，陈鹏[①]

市域是由一定数量的区、县等县级行政区及部分功能区等构成的区域，市域的复杂性决定了市域社会治理的难度较之于基层治理更大，运用整体性治理理念和系统性治理思维来调解市域社会中的矛盾、化解市域社会治理难题、提升市域社会治理效能，是新时代做好市域社会治理工作的内在要求和重要保障。以“发动和依靠群众，坚持矛盾不上交，就地解决，实现捕人少，治安好”为主要特点的“枫桥经验”，虽形成于20世纪60年代初期，但其在新时代的市域社会治理中依然能够发挥十分重要的作用。近年来，芜湖市公安局镜湖分局赭山派出所在日常工作中积极践行“枫桥经验”，因情施策，通过发动群众和依靠群众，坚持将矛盾化解在基层，开创出一片警民联调的新天地。对赭山派出所积极践行“枫桥经验”，因情施策开创警民联调新天地的实践历程进行认真的梳理，总结其成功的经验，有助于更好地推动市域社会治理效能的提升。

一、“枫桥经验”与市域社会治理

20世纪60年代初，浙江省绍兴市诸暨县枫桥镇干部群众创造了“发动和依靠群众，坚持矛盾不上交，就地解决，实现捕人少，治安好”的“枫桥经验”。1963年毛泽东同志就“枫桥经验”做出批示，“要各地仿效，

① 陈鹏：博士，安徽师范大学法学院副教授，硕士生导师，芜湖市社会治理研究院研究员。本案例为芜湖市社会治理研究院2022年度调研课题“赭山派出所积极践行枫桥经验 因情施策开创警民联调新天地”（编号WHSHZL2022005）的成果。

经过试点，推广去做”[①]。此后，全国掀起了一轮学习和践行“枫桥经验”的高潮。之后，“枫桥经验”得到不断发展，形成了具有鲜明时代特色的“党政动手，依靠群众，预防纠纷，化解矛盾，维护稳定，促进发展”的枫桥新经验，成为新时期把党的群众路线坚持好、贯彻好的典范。中国特色社会主义进入新时代后，人民日益增长的美好生活需要和不平衡不充分的发展之间的矛盾成为我国社会主要矛盾，经济社会发展格局也随之发生着深刻的变革，社会风险日渐累积，社会治理难度不断加大，在新时代坚持好和发展好“枫桥经验”的重要性也随之进一步提升。与20世纪60年代源于基层治理实践的“枫桥经验”相比，新时代“枫桥经验”的内涵更加丰富，坚持“党建统领、人民主体、三治融合、四防并举，共建共享”成为新时代“枫桥经验”的主要内容。

2013年，习近平总书记就坚持和发展“枫桥经验”作出重要指示，他强调，要“把‘枫桥经验’坚持好、发展好，把党的群众路线坚持好、贯彻好”[②]。改革开放以来，伴随我国城镇化进程的不断加快，人口等各类生产要素越来越多地向市域聚集，市域治理在社会治理和国家治理中的重要性日渐凸显。党的十九届四中全会审议通过的《中共中央关于坚持和完善中国特色社会主义制度　推进国家治理体系和治理能力现代化若干重大问题的决定》提出，要加快推进市域社会治理现代化。相较于县域和乡村，市域层面虽具有较为完备的社会治理体系，具有解决社会治理中重大矛盾问题的资源和能力，但也面临诸多不确定性的社会治理风险，将“枫桥经验”应用于市域社会治理实践之中，把社会矛盾化解在基层，是新时代做好市域社会治理工作的内在要求和重要保障。

① 毛泽东年谱(一九四九—一九七六):第5卷[M].北京:中央文献出版社,2013:283.

② 习近平关于党的群众路线教育活动论述摘编[M].北京:党建读物出版社,2014:72.

二、赭山派出所践行“枫桥经验”，因情施策开创警民联调新天地的具体实践

芜湖市公安局镜湖分局赭山派出所管辖区域属于主城区里的老城区，辖区内共有12个社区，常住人口11万余人，流动人口数万人。日常管理任务较为繁重，平均每天出警40余起。其中，85%为纠纷类警情。赭山派出所正式民警仅50名，面对平均每天40余起的出警量，派出所民警的工作压力非常大。面对新形势、新问题，赭山派出所主动适应市域社会治理现代化工作要求，积极作为，认真将“枫桥经验”运用于日常工作之中，探索出一条警民联调的治理之路。2019年4月，为了更有效地化解社会矛盾纠纷，赭山派出所率先创立了由一名退休民警、一名退休综治专干和一名律师及办案民警组成的“3+1”警民联调新模式。在“3+1”警民联调新模式的实践过程中，先后推出了“云调解”、警民联动工作机制、引入律师促联调、跨区大联调等工作法，积极做好矛盾纠纷化解工作，营造和谐治安环境。2020—2022年，芜湖市公安局镜湖分局赭山派出所警民联调室在化解群众纠纷上坚持和发展新时代“枫桥经验”，成功调解各类民间纠纷1800余起，调好率占98%。2021年10月，赭山派出所被评为安徽省“枫桥式派出所”。

（一）发展创新“云调解”，打造警民联调新天地

2020年初，在新冠疫情暴发后不久，上级公安机关要求要“免接触”化解矛盾纠纷。赭山派出所警民联调室主动探索创建“云调解”工作法，建立由双方当事人、民警、调解员和律师共同参与的微信调解群，通过线上交流和线下沟通相结合的方式，有效化解了民警、调解员和双方当事人之间“会面难、对话难”等调解难题，成功调解矛盾纠纷案件多起。

如2020年2月初，赭山派出所接到报警称辖区内一户居民家发生纠纷。接警民警第一时间赶到现场后发现，4名男女正在互殴。民警将双方

控制后，依法传讯到派出所进行调查处理。经查，该户女主人姓吴，15年前与前夫离异。案发当晚，吴女士的儿子见母亲交了新男友后便立即告诉了其父亲。吴女士的前夫来到现场后，与儿子一起殴打吴女士的男友。当时正值新冠疫情防控期间，为有效化解该起矛盾纠纷，警民联调室建立了微信群，社区民警、调解员、双方当事人和律师通过微信群共同参与调解工作。最终，通过“云调解”方式，将此纠纷化解。

2021年7月中旬，赭山派出所接到居民梁某报警称其所住的楼房顶楼漏水，殃及楼下数户人家。民警和调解员赶赴现场了解后得知，楼房顶楼漏水系楼上住户王某家装潢所致。于是，赭山派出所立即启动警民联调机制。当时正值汛期，双方人员均无法到派出所接受调解。为此，警民联调室建立了一个微信群，民警、调解员、涉事多户进群参与调解。经过多次的线上调解，最终化解了双方纠纷。

（二）构建和谐新屏障，实现矛盾不上交

社会矛盾纠纷调解工作离不开各方的支持与配合。只有构建新的有效的调解屏障，才能实现矛盾不上交、将矛盾纠纷化解在基层的治理目标。赭山派出所在对纠纷调解过程进行仔细分析和认真总结的基础上，积极探索新的调解机制。针对辖区内很多矛盾纠纷涉及许多法律法规方面的问题，赭山派出所积极争取区司法局、街道办事处等部门的配合，构建完善的人民调解、司法调解、行政调解、警民联动的工作机制，打造和谐社会“新屏障”，实现矛盾不上交。

如2020年10月的一天，女子孙某走进派出所报警求助，称其与蔡某发生了经济纠纷。经过一番询问后民警得知，半年前，孙某与蔡某合伙做生意，其投资了23万元。当时两人签订合同约定，如果投资失败，蔡某退还孙某的全部投资。然而，后面因为投资没有产生收益，双方便选择了撤资散伙，但孙某只拿回了10万元，双方为余款问题发生了纠纷。由于迟迟拿不到余款，孙某因此患上了抑郁症，并产生了到有关部门上访的想法。鉴于这起资金纠纷的专业性，警民联调室专门聘请了镜湖区司法局、

街道办事处等部门的负责人组成联合调解组进行调查处理。经与双方多次交流沟通，双方最终达成了协议，蔡某通过分期还款的方式将余款返还给孙某。在联调员的监督下，当蔡某在归还欠款单上签字时，孙某对大家深深鞠躬致谢并说：“你们不仅帮我追回了钱，还治好了我的心病。我不会上访了，太感谢你们了！”

（三）引入律师促联调，提升群众满意度

赭山派出所在党史学习教育中，坚持为群众办实事，大力弘扬和发展新时代“枫桥经验”，以解决矛盾纠纷、让群众满意为目标，专门聘请了律师为派出所的名誉法律顾问，参与矛盾纠纷调解工作，派出所化解矛盾、解决纠纷的专业能力得到显著增强。

“我要为民警、调解员和律师点赞！”说这话的人是赵某。说起赭山派出所通过警民联调化解了其与邻里的纠纷，赵某就感动不已。2020 年 12 月 2 日晚，赭山派出所接到居民报警，辖区内某小区一楼的住户投诉三楼一户人家水管漏水。民警连夜上门调查，通过了解，发现这是一起典型的邻里纠纷。为妥善化解该起邻里纠纷，赭山派出所启动警民联调机制，民警与调解员、赭山派出所法律顾问共同参与调解工作。调解期间，调解员带领一名维修工上门仔细检查了楼房的下水管道，确认三楼、四楼均存在漏水隐患，需要及时更换下水管道。随后，民警将一至四楼的居民都请到警民联调室进行沟通。不过，经过沟通，大家基本都不肯出钱维修下水管道，想用“打官司”方式来解决。

赭山派出所法律顾问在了解了基本情况后告知当事人，“打官司首先要有房屋建筑部门的专业鉴定，财物受损也需要由专业评估机构依法出具的受损评估报告。而这两项专业鉴定费用，也要由当事人共同承担。同时，按照法律程序，人民法院短期内也很难对案件进行宣判，而这会影响到大家用水”。经过法律顾问一番耐心地分析和解释后，当事人同意了警民联调意见，一起因水管“漏水”导致的邻里纠纷得以圆满解决。

（四）首创跨区大联调，赢得社会大和谐

赭山派出所以扎实推动“枫桥经验”在芜湖落地落实为工作抓手，认真对待每起矛盾纠纷，在矛盾纠纷调解过程中坚决做到不推诿、不拖拉，成功化解了多起矛盾纠纷，并且在全市公安机关中首创跨区域调解模式，为辖区内社会治理秩序的稳定提供了有力的保障。

2020年12月22日上午，赭山派出所接到报警称，辖区内某民营医院发生纠纷。接警后，民警迅速赶到该医院，只见多名群众与院方人员发生争执，民警将双方劝阻后展开调查工作。经查，几天前，当事人郭某的父亲因患胸闷气喘在该医院就诊。21日凌晨4时许，老人因突发心肌梗死经抢救无效不幸去世，家人闻讯来到医院要求赔偿。

赭山派出所民警将双方主要当事人带回派出所，启动警民联调机制。调查中得知，逝者户籍地在芜湖市鸠江区沈巷镇。民警当即与芜湖市公安局鸠江分局沈巷派出所取得联系，两派出所联动跨区协调工作随即展开。赭山派出所民警主要负责调查老人去世情况、搜集固定证据、稳定逝者家人情绪；沈巷派出所民警主要负责向当地有关领导说明情况。很快，逝者户籍地的镇村两级领导也参与到调解处理工作中来。经过初步沟通，院方表示，如需医疗事故鉴定可走诉讼程序，或者交由医疗纠纷调解委员会调解，而对于逝者家人提出的要求赔偿17万元的诉求院方不能接受。一时间调解工作陷入了僵局。面对这一难题，民警、调解员、律师和镇村干部群策群力，根据事实向双方普及相关法律法规，围绕赔偿问题摆事实、讲道理。经过4个多小时的紧张调解，院方同意给予逝者家人3万元的慰问金，逝者家人与院方最终达成调解协议。

三、赭山派出所践行“枫桥经验”，因情施策开创警民联调新天地的经验启示

经过实践检验，警民联调是解决群众纠纷的有效手段。这种调解模式

是基层公安工作的一项重要创新，是对新形势下警务工作的很好探索，有利于公安机关更好地深入体察民情，更加及时地回应辖区百姓的合理诉求，进而为社会治理秩序的稳定提供了坚实的支撑。梳理赭山派出所践行“枫桥经验”，因情施策开创警民联调新天地的实践历程可以发现，“枫桥经验”在新时代市域社会治理中能够发挥重要作用，发动和依靠群众是做好市域社会治理工作的内在要求，努力将社会矛盾化解在基层是提升市域社会治理效能的重要保障。

（一）“枫桥经验”在新时代市域社会治理中能够发挥重要作用

市域社会治理是一项复杂的系统性工程，需要各层级、各领域、各系统、各部门广泛而有深度的参与，需要运用有效的治理方法和治理模式来化解市域社会治理难题，改善市域社会治理效能。赭山派出所践行“枫桥经验”，因情施策开创警民联调新天地的治理实践充分证明，在新时代市域社会治理的实践中，要坚持好和发展好“枫桥经验”，要注重运用“枫桥经验”来调解市域社会治理中的各种矛盾和各类纠纷，有效化解市域社会治理中的各种风险，不断提升市域社会治理效能。

（二）发动和依靠群众是做好市域社会治理工作的内在要求

市域社会治理是国家治理的重要维度，在国家治理体系中具有承上启下的枢纽作用。推进市域社会治理现代化，既是推进社会治理现代化的战略抓手，又是推进国家治理体系和治理能力现代化的重要内容。市域社会治理的效果，事关人民安居乐业、事关社会安定有序、事关国家长治久安。但在市域社会治理实践中，各级政府特别是基层政府大多面临着人手不足的难题，有限的工作人员与数量众多的治理任务之间的矛盾日渐凸显，如何化解市域社会治理中人手不足的难题是各级各类市域社会治理主体面临的一项重要任务。赭山派出所践行“枫桥经验”，因情施策开创警民联调新天地的治理实践充分证明，做好市域社会治理工作需要充分发动群众和依靠群众，人民群众广泛而深度的参与，是解决市域社会治理人手不足问题，提升市域社会治理效能的内在要求。

（三）努力将社会矛盾化解在基层是提升市域社会治理效能的重要保障

市域是社会矛盾和风险的汇聚地，也是守住安全稳定底线的主阵地。发挥市域“前线指挥部”作用，坚决将重大风险化解在市域是做好社会治理工作的内在要求和重要保障。市域社会治理的重要任务就是要及时化解市域社会矛盾，有效解决市域社会治理难题。回顾赭山派出所践行“枫桥经验”，因情施策开创警民联调新天地的治理实践可以发现，市域社会治理中的一些矛盾和纠纷如果在其发生初期就能够得到及时有效调解，将可以有效避免小矛盾演变成大冲突，进而最大限度地降低市域社会治理风险发生的概率。在市域社会治理实践中，各级各类市域社会治理主体要认真对待市域社会治理中出现的每一个矛盾和每一起纠纷，要本着将矛盾纠纷化解在基层的治理理念，扎实做好市域社会治理工作。